Navegando a Través de las Sombras de la Inmadurez Emocional: El Camino hacia la Sanación de las Heridas de los Padres

Un Manual Detallado para Comprender, Enfrentar y Crecer Más Allá de las Complejidades de las Relaciones con Padres Emocionalmente Distantes.

Giorgio Rodríguez

1. Definición de Padres Emocionalmente Inmaduros:

- Explica quiénes son y cuáles son las características de los padres emocionalmente inmaduros.

2. Orígenes de la Inmadurez Emocional:

- Examina las razones históricas, psicológicas y culturales detrás de la inmadurez emocional.

3. El Impacto de la Inmadurez Emocional en la Infancia:

- Analiza cómo los niños crecen en un ambiente con padres emocionalmente inmaduros.

4. Signos y Síntomas en los Niños:

- Identifica comportamientos y señales típicas de los niños que viven en estas condiciones.

5. Consecuencias a Largo Plazo:

- Explora cómo estos problemas de la infancia afectan la vida adulta en términos de relaciones, carrera y bienestar general.

6. El Rol del Dinero y el Poder:

- Analiza cómo la inmadurez emocional puede influir en las decisiones económicas y de poder dentro de la familia.

7. Estrategias de Adaptación:

- Examina las tácticas que los niños adoptan para hacer frente, como la negación, el aislamiento o la conformidad.

8. Redescubrimiento del Yo:

- Ofrece consejos sobre cómo los adultos pueden reconectarse con su verdadero yo y sus pasiones.

9. Establecer Límites:

- Proporciona herramientas y estrategias para establecer límites saludables con padres emocionalmente inmaduros.

10. Manejo de la Ira y el Resentimiento: -

Ofrece técnicas para gestionar y procesar estos sentimientos de manera saludable.

11. Reconstrucción de Relaciones: -

Sugerencias sobre cómo reconstruir o renegociar la relación con padres emocionalmente inmaduros, si así se desea.

12. Apoyo Terapéutico: - Promueve la

importancia de la terapia y cómo puede ayudar en la sanación.

13. Historias de Casos: - Comparte ejemplos reales de individuos que han enfrentado y superado los desafíos de tener padres emocionalmente inmaduros.

14. Importancia del Auto Cuidado: - Ofrece consejos sobre cómo los adultos pueden cuidar de sí mismos y de sus necesidades emocionales.

15. Comprender el Perdón: - Explora qué significa realmente perdonar y cuándo es apropiado.

16. Red de Apoyo: - Destaca la importancia de tener amigos, parejas o grupos de apoyo que comprendan y respalden.

17. Impacto en las Propias Relaciones: - Cómo estas experiencias afectan las relaciones del adulto, incluyendo parejas e hijos.

18. Conciencia Generacional: - Reflexiona sobre cómo romper el ciclo para asegurarse de que las generaciones futuras no perpetúen el mismo patrón.

19. Recursos y Lecturas Recomendadas: - Proporciona materiales y recursos adicionales para aquellos que deseen profundizar.

20. Ejercicios y Técnicas Prácticas: - Incluye ejercicios, meditaciones y técnicas para ayudar a los adultos a trabajar en su sanación.

1. **Definición de Padres Emocionalmente Inmaduros** Padres Emocionalmente Inmaduros: Son individuos que, a pesar de su edad cronológica, no han desarrollado completamente la capacidad de responder adecuadamente a las necesidades emocionales de sus hijos. Este comportamiento no necesariamente proviene de un lugar de malicia, sino que a menudo es el resultado de lagunas en su desarrollo emocional.

Características de los Padres Emocionalmente Inmaduros:

1. Centrados en sí mismos: Tienden a considerar las situaciones en función de cómo les afectan personalmente, en lugar de ver las necesidades o sentimientos de sus hijos. Esto puede llevar a la falta de empatía o comprensión de las experiencias de sus hijos.
2. Dificultad en la Regulación Emocional: Pueden reaccionar de manera excesiva ante pequeñas provocaciones o estrés, mostrando enojo, tristeza u otras emociones de manera inapropiada o desproporcionada.
3. Evitación: Algunos padres emocionalmente inmaduros evitan conflictos o conversaciones profundas, retirándose o volviéndose defensivos cuando se sienten presionados o amenazados.

4. Necesidad de Control: Desean tener el control sobre eventos y personas a su alrededor, a menudo porque internamente se sienten impotentes o inseguros.
5. Incoherencia: Pueden ser inconsistentes en su comportamiento y respuestas, lo que dificulta que los hijos anticipen o comprendan sus reacciones.
6. Negación de la Realidad: Se niegan a reconocer problemas evidentes o a aceptar retroalimentación, especialmente si socava su imagen o ego.
7. Dependencia Emocional: Confían en sus hijos para obtener seguridad, apoyo o para satisfacer sus propias necesidades emocionales, a menudo invirtiendo el papel de padre e hijo.
8. Negativa a Reconocer Errores: En lugar de admitir un error o disculparse, pueden intentar culpar a otros o justificar su comportamiento.

Estas características, sin embargo, pueden variar en gravedad y no todos los padres emocionalmente inmaduros tendrán todas estas características. Es esencial notar que la inmadurez emocional a menudo tiene raíces en la infancia del propio padre y sus experiencias de vida. Muchas veces, estos padres no han tenido la oportunidad o los recursos para abordar sus propias heridas emocionales y, como resultado, no pueden estar emocionalmente presentes para sus hijos de manera saludable.

Padres Emocionalmente Inmaduros como Prisioneros de su Propio Estado

Emocional: Este es un tema complejo y multifacético y puede ser útil explorar más a fondo algunas de sus facetas.

Profundidad del Problema: Cuando hablamos de inmadurez emocional, no estamos simplemente describiendo a un padre que ocasionalmente muestra signos de inseguridad o que puede reaccionar exageradamente a un evento estresante particular. En cambio, estamos describiendo individuos que tienen patrones de comportamiento arraigados y consistentes con el tiempo, que influyen significativamente en su forma de interactuar con sus hijos y con el mundo que los rodea.

Orígenes de la Inmadurez Emocional: Las raíces de la inmadurez emocional a menudo son profundas y pueden remontarse a generaciones anteriores. Muchos padres emocionalmente inmaduros crecieron en entornos donde no aprendieron a identificar, expresar o manejar adecuadamente sus propias emociones. Esto puede deberse a una variedad de razones: una historia familiar de trauma, padres que estaban emocionalmente distantes o ausentes, o crecer en un entorno donde expresar emociones se veía como una señal de debilidad.

Diferencia entre Inmadurez y Trastorno: Es fundamental distinguir entre un padre que simplemente es emocionalmente inmaduro y uno que podría tener un trastorno de personalidad u otro problema de salud mental. Aunque puede haber superposición en los comportamientos, las causas y las posibles soluciones pueden diferir considerablemente.

Impacto en el Desarrollo del Niño: Un entorno en el que un padre es emocionalmente inmaduro puede llevar a una serie de desafíos para el niño. Estos niños pueden volverse extremadamente sintonizados con las necesidades y emociones del padre, a menudo a expensas de las suyas propias. Pueden sentirse responsables del bienestar del padre y pueden desarrollar comportamientos de "parentificación", donde asumen el papel de cuidador.

Implicaciones para la Formación de la Identidad: A medida que crecen, estos niños pueden luchar por formar una identidad autónoma. Dado que su energía se ha centrado tanto en tratar de calmar o cuidar al padre, pueden tener dificultades para reconocer o perseguir sus propios deseos, necesidades y aspiraciones.

El Ciclo de la Inmadurez: Una de las trágicas ironías de la situación es que muchos adultos que crecieron con padres emocionalmente inmaduros pueden encontrarse repitiendo los mismos patrones con sus propios hijos. Sin una conciencia y una intervención significativas, el ciclo de la inmadurez puede continuar de generación en generación.

Navegando en la Complejidad de la Empatía: Un desafío particular al relacionarse con un padre emocionalmente inmaduro es el equilibrio entre la comprensión y la autopreservación. Por un lado, se puede entender cómo un padre podría haberse vuelto emocionalmente inmaduro debido a sus propios desafíos y traumas. Esta conciencia puede llevar a un profundo sentido de empatía y compasión. Por otro lado, es esencial reconocer y protegerse de los daños que pueden surgir al estar cerca de alguien que es incapaz de una verdadera conexión emocional recíproca.

Estas son solo algunas de las múltiples dimensiones que rodean la problemática de los padres emocionalmente inmaduros. Explorar cada aspecto puede proporcionar una comprensión más profunda y ayudar a quienes han sido influenciados por esta dinámica a encontrar caminos hacia la curación y la comprensión.

Inmadurez Emocional en Padres: La inmadurez emocional en los padres es un fenómeno que afecta profundamente la estructura de las relaciones familiares y tiene raíces complejas y a veces oscuras. Esta inmadurez no es simplemente la incapacidad para lidiar con las emociones; a menudo encarna una fusión de déficits en la cognición, la empatía y la capacidad de autorreflexión.

Interacción con el Mundo Exterior: Los padres emocionalmente inmaduros pueden tener dificultades no solo en las relaciones con sus hijos, sino también en otros contextos sociales. Esta dificultad puede manifestarse como la incapacidad para establecer relaciones profundas con los demás, un sentimiento de alienación o aislamiento, o una tendencia a malinterpretar o percibir críticas donde no las hay.

Factores Externos y Estrés: Los eventos estresantes de la vida, como la pérdida del trabajo, problemas financieros o enfermedades, pueden exacerbar la inmadurez emocional. Mientras que la mayoría de los adultos pueden encontrar formas de manejar el estrés y buscar apoyo, los padres emocionalmente inmaduros pueden sentirse abrumados y podrían retirarse aún más o volverse más volátiles.

Visión Distorsionada de la Realidad: Un rasgo destacado de la inmadurez emocional es una percepción distorsionada de la realidad. Esto puede manifestarse como negación, proyección o incluso reescritura de la realidad para que encaje con una narrativa interna. Esta distorsión puede confundir a los hijos, haciéndoles dudar de su percepción o memoria de los eventos.

Escape en Actividades o Sustancias: No es raro que los padres emocionalmente inmaduros busquen escapar de sus sentimientos o de la realidad a través del uso excesivo de sustancias como el alcohol o las drogas, o a través de comportamientos compulsivos como las compras, el juego o incluso el trabajo excesivo.

Papel de la Educación y la Cultura: La sociedad y la cultura desempeñan un papel significativo en la formación de expectativas y comportamientos parentales. En algunas culturas o contextos, mostrar emociones o admitir vulnerabilidad puede ser visto como débil o inaceptable, lo que contribuye aún más al problema de la inmadurez emocional.

Necesidad de Validación Externa: Una de las características comunes de los padres emocionalmente inmaduros es su constante necesidad de validación externa. Esto puede traducirse en el deseo de recibir elogios, reconocimiento o cualquier forma de confirmación de los demás, a menudo a expensas de las necesidades y sentimientos de sus propios hijos.

Impacto en la Educación de los Hijos: La presencia de un padre emocionalmente inmaduro puede influir profundamente en el enfoque para criar a los hijos. Los niños podrían verse envueltos en situaciones en las que constantemente se ven presionados para cumplir con las expectativas poco realistas de los padres o podrían ser descuidados en términos de apoyo y orientación.

Conexión con Otras Problemáticas de Salud Mental: Aunque la inmadurez emocional es un problema específico, puede coexistir con una serie de otras problemáticas de salud mental, como ansiedad, depresión o incluso trastornos de personalidad. Esta comorbilidad puede complicar aún más la dinámica familiar y los desafíos que los hijos deben enfrentar.

Resiliencia de los Hijos: A pesar de los desafíos de crecer con un padre emocionalmente inmaduro, muchos hijos muestran una notable resiliencia. Con los recursos adecuados y el apoyo, pueden desarrollar una fortaleza interna, una profunda empatía y una conciencia que les ayuda a navegar el mundo con gracia y determinación.

Oportunidad para la Introspección y la Curación: La inmadurez emocional, aunque es un tema profundo y a menudo doloroso, también ofrece la oportunidad de la introspección, el crecimiento y la curación para aquellos dispuestos a abordar y trabajar a través de sus facetas complejas.

En resumen, la inmadurez emocional en los padres es un tema que no puede ser comprendido ni abordado superficialmente. Esta forma particular de inmadurez afecta profundamente la dinámica familiar y el bienestar emocional de los hijos involucrados.

La esencia de la inmadurez emocional radica en las profundas inseguridades, patrones de comportamiento aprendidos y, a menudo, traumas no resueltos que se remontan a generaciones anteriores. **Estos padres**, aunque a menudo aman a sus hijos, luchan con una gama de emociones internas que les dificultan proporcionar el afecto estable, la guía y el apoyo que un niño necesita para desarrollarse de manera saludable.

Sin embargo, es fundamental recordar que la mayoría de los padres emocionalmente inmaduros no actúan con malicia. Muchas veces, están atrapados en ciclos de comportamiento que no comprenden completamente o sienten que no pueden escapar. Su lucha contra la inmadurez emocional es, en la mayoría de los casos, una manifestación de su deseo de conexión, pero una conexión que se distorsiona por sus propios miedos, inseguridades y traumas.

Para los hijos de estos padres, el camino puede ser difícil. Pueden desarrollar una serie de estrategias de adaptación, algunas de las cuales pueden servirles bien, mientras que otras pueden convertirse en limitaciones en la edad adulta. La clave para estas personas suele ser la conciencia: al reconocer los patrones, las heridas y las necesidades no satisfechas, pueden comenzar el proceso de curación y construir relaciones más saludables y satisfactorias.

En el contexto terapéutico y de apoyo, tanto los padres emocionalmente inmaduros como sus hijos pueden beneficiarse de explorar estas dinámicas. **La terapia**, la educación, los grupos de apoyo y otros recursos pueden ofrecer herramientas e información que conducen a la curación y al crecimiento. En última instancia, **la inmadurez emocional**, con todos sus desafíos, también puede brindar oportunidades únicas para una profunda introspección, empatía y transformación personal.

La inmadurez emocional es un concepto que abarca una amplia gama de facetas psicológicas y socioculturales. Para comprender completamente sus orígenes, es fundamental examinar una combinación de factores históricos, psicológicos y culturales.

Factores Históricos:

1. **Traumas familiares y generacionales**: En muchas familias, los traumas no resueltos del pasado pueden ser transmitidos de generación en generación. Estos pueden incluir experiencias de guerra, migración, pérdidas significativas, abusos o pobreza. Si los traumas no se abordan adecuadamente o se comprenden, pueden manifestarse como inmadurez emocional en las generaciones futuras.

2. **Historia de apego**: La teoría del apego sugiere que nuestras primeras relaciones, especialmente con nuestros cuidadores principales, moldean nuestro comportamiento en relaciones futuras. Si una persona experimenta un apego inseguro o desorganizado en la infancia, puede tener dificultades para establecer vínculos emocionales saludables en la edad adulta.

Factores Psicológicos:

1. **Heridas de la infancia**: El abuso, la negligencia, el abandono u otras formas de trauma durante la infancia pueden impedir que una persona desarrolle plena madurez emocional. Estos eventos traumáticos pueden crear una base inestable desde la cual la persona opera, lo que dificulta la gestión de las emociones o la comprensión de sus propios sentimientos y los de los demás.

2. **Trastornos de personalidad**: Algunos trastornos, como el trastorno límite de la personalidad o el trastorno narcisista de la personalidad, pueden manifestarse con rasgos de inmadurez emocional. Aunque no todas las personas con inmadurez emocional tienen un trastorno de la personalidad, existe una superposición en los comportamientos y dinámicas.

3. **Miedo a la intimidad**: Algunas personas pueden tener miedo a la intimidad debido a

experiencias pasadas. Este miedo puede manifestarse como una reluctancia a compartir emociones profundas, creando una barrera entre ellos y sus seres queridos.

Factores Culturales:

1. **Normas socioculturales**: En algunas culturas, expresar emociones abiertamente puede ser visto como un signo de debilidad. A menudo se alienta a las personas a reprimir sus emociones o a ocultarlas, lo que lleva a una incapacidad para manejarlas adecuadamente o relacionarse emocionalmente con los demás.

2. **Roles de género**: En muchas sociedades, existen expectativas rígidas sobre cómo cada género debe comportarse emocionalmente. Por ejemplo, a los hombres se les puede desanimar a mostrar vulnerabilidad, mientras que las mujeres pueden ser vistas como "emocionalmente inestables" si expresan enojo. Estos estereotipos pueden obstaculizar el desarrollo emocional saludable.

3. **Presión de la sociedad moderna**: Vivimos en una era de conectividad constante, estrés y cambios rápidos. La presión por adaptarse, tener éxito y "triunfar" puede llevar a las personas a ignorar o negar sus emociones para mantener una apariencia de control o competencia. Comprender las raíces de la inmadurez emocional requiere una visión holística que tenga

en cuenta los múltiples factores que influyen en el desarrollo emocional de una persona. Solo a través de esta lente multidimensional podemos esperar abordar, curar y prevenir la inmadurez emocional en las generaciones futuras.

La inmadurez emocional, cuando se examina desde una perspectiva multidisciplinaria, revela una complejidad profunda y estratificada, enriquecida por una serie de influencias. Si bien los factores enumerados son centrales, existen otras sutilezas que contribuyen a la formación de este rasgo.

En primer lugar, la biología desempeña un papel. La neuroquímica y la estructura cerebral pueden influir en cómo una persona percibe, procesa y responde a las emociones. Por ejemplo, si las áreas del cerebro responsables de la regulación emocional no están completamente desarrolladas o están influenciadas por desequilibrios químicos, pueden surgir comportamientos emocionalmente inmaduros. Además, algunos estudios han sugerido que la predisposición genética podría hacer que algunas personas sean más susceptibles a la inmadurez emocional, especialmente cuando están expuestas a ciertos entornos o estrés.

Otro aspecto importante es el aprendizaje por observación. Los seres humanos tienen una inclinación natural a imitar y modelar el comportamiento de quienes los rodean, especialmente durante su infancia y adolescencia. Si un niño crece observando a adultos (no necesariamente sus padres) que manejan sus emociones de manera poco saludable o inmadura, es probable que adopte comportamientos similares, creyendo que son normativos o aceptables.

Las dinámicas sociales y las amistades también pueden contribuir a la inmadurez emocional. Las personas que se encuentran en grupos donde se valora o normaliza la inmadurez emocional, como en entornos donde la superficialidad, la manipulación o la inestabilidad son frecuentes, pueden adaptarse para conformarse, desarrollando hábitos y comportamientos que reflejan esas normas.

Las experiencias de vida, especialmente aquellas que se interpretan como fracasos o rechazos, pueden reforzar la inmadurez emocional en algunos individuos. Si una persona ha experimentado repetidos fracasos o rechazos y no ha aprendido a manejarlos o a obtener lecciones de ellos, podría volverse emocionalmente restringida, evitando futuros riesgos emocionales o reaccionando exageradamente a pequeños desafíos o contratiempos.

La literatura, los medios de comunicación y la tecnología moderna pueden desempeñar un papel tanto positivo como negativo. Por un lado, el acceso a la información y los recursos sobre la salud mental y emocional puede proporcionar herramientas para desarrollar una mayor madurez emocional. Por otro lado, el uso excesivo de las redes sociales, la sobreexposición a la información y la constante necesidad de compararse con los demás pueden alimentar inseguridades, ansiedades y una capacidad reducida para la introspección y la reflexión profunda, factores que pueden contribuir a la inmadurez emocional.

En última instancia, las raíces de la inmadurez emocional están profundamente entrelazadas en una red de experiencias individuales, influencias ambientales y predisposiciones innatas.

El entorno en el que una persona crece tiene un impacto significativo en el desarrollo de su madurez emocional. Tomemos, por ejemplo, los entornos educativos. Si los entornos escolares no fomentan la competencia emocional, es posible que los niños no aprendan a reconocer, expresar o manejar sus emociones de manera adecuada. Las interacciones con compañeros, maestros y el plan de estudios mismo pueden dar forma a cómo un joven percibirá y reaccionará a los desafíos emocionales a lo largo de la vida.

Del mismo modo, la exposición a situaciones de conflicto, como vecindarios o familias con altos niveles de violencia, puede influir en la inmadurez emocional. En entornos donde la supervivencia y la seguridad están en juego, las emociones pueden ser reprimidas o distorsionadas rápidamente para la autoprotección. Esto podría ser una reacción completamente lógica al entorno, pero en situaciones menos graves o en la edad adulta, estos patrones pueden parecer inmadurez emocional.

Otro aspecto a considerar es el enfoque cultural hacia la salud mental en general. En muchas culturas, la salud mental sigue siendo un tabú, y las personas pueden no tener los recursos o el conocimiento para abordar sus desafíos emocionales. Sin un lenguaje adecuado o una comprensión para expresar y manejar las emociones, estas personas pueden parecer emocionalmente inmaduras cuando, en realidad, simplemente pueden carecer de las herramientas o la educación para abordar sus emociones.

La tecnología moderna y el ritmo frenético de la vida contemporánea también tienen un impacto en la inmadurez emocional. La gratificación instantánea proporcionada por la tecnología puede dificultar la capacidad de una persona para desarrollar paciencia, tolerancia y resiliencia. Cuando las personas están acostumbradas a obtener respuestas y resultados inmediatos, pueden no saber cómo lidiar con la espera, la decepción o la frustración, todas emociones que requieren cierta madurez para ser manejadas adecuadamente.

Además, la falta de autenticidad en las interacciones en línea puede llevar a la falta de empatía y comprensión. Si un individuo pasa la mayor parte de su tiempo en entornos virtuales, es posible que no desarrolle completamente las habilidades para leer las emociones de los demás, expresarse auténticamente o crear conexiones profundas y significativas.

Finalmente, la continua presión para presentar una "versión perfecta" de uno mismo, a menudo amplificada por las redes sociales, puede llevar a la falta de autenticidad y a la incapacidad de enfrentar las imperfecciones y vulnerabilidades, tanto propias como ajenas. Esta presión por ajustarse a un ideal a menudo inalcanzable puede limitar la capacidad de una persona para abordar emociones como la inseguridad, la tristeza o la decepción, contribuyendo aún más a la inmadurez emocional.

Por otro lado, las influencias ambientales,
como la educación, las experiencias de vida y las
interacciones sociales, moldean y modelan
continuamente esta base biológica. Crecer en un
ambiente inestable o traumático, o simplemente
uno que no valore o enseñe una sana gestión de
las emociones, puede desviar el desarrollo
emocional saludable. Las presiones de la
sociedad moderna, amplificadas por la tecnología
y los medios de comunicación, pueden complicar
aún más este camino, empujando a las personas
hacia la inmadurez emocional como mecanismo
de defensa o como resultado de la gratificación
instantánea y expectativas poco realistas.
Las influencias culturales y sociales, con sus
normas, valores y tabúes, sirven como fondo a
todo esto, influenciando directa o indirectamente
cómo se perciben, expresan y valoran las
emociones. Las normas culturales pueden
reprimir la madurez emocional, a través de
expectativas rígidas y estereotipos de género, o
promoverla, mediante la celebración de la
diversidad emocional y el fomento de la
autenticidad.

**Reconocer la inmadurez emocional y sus
orígenes multifactoriales** es el primer paso
crucial para abordarla. Solo con una
comprensión profunda y completa de las raíces

de este fenómeno podemos esperar proporcionar soluciones, intervenciones y apoyo adecuados a quienes la padecen, permitiéndoles emprender un camino hacia una mayor madurez y salud emocional.

3. El Impacto de la Inmadurez Emocional en la Infancia: Analiza cómo los niños crecen en un entorno con padres emocionalmente inmaduros.

La inmadurez emocional de los padres tiene profundas repercusiones en el desarrollo psicológico, emocional y relacional de los niños. Cuando un padre no puede responder adecuadamente a las necesidades emocionales de un niño, pueden desencadenarse dinámicas complejas que afectan la autoimagen del niño, la confianza en las relaciones y la capacidad para gestionar sus propias emociones.

1. Inseguridad en el Apego: Uno de los aspectos fundamentales de la infancia es el desarrollo de un apego seguro con los cuidadores principales. Los niños desarrollan una seguridad básica cuando saben que pueden contar con sus padres para el consuelo y la protección. Los padres emocionalmente inmaduros pueden ser inconsistentes en sus respuestas, lo que lleva a los niños a desarrollar un apego ansioso o evitativo. Estos niños pueden volverse excesivamente preocupados por la seguridad de sus relaciones o pueden evitar la intimidad para protegerse del posible rechazo.

2. Baja Autoestima: La falta de respuesta emocional o la inconsistencia por parte de los padres puede hacer que los niños se sientan no amados o no deseados. Esta percepción puede evolucionar hacia una baja autoestima y sentimientos de inadecuación. El niño puede comenzar a creer que hay algo fundamentalmente incorrecto en él, ya que sus necesidades emocionales no se satisfacen.

3. Dificultades en la Regulación Emocional: Los niños aprenden a manejar sus propias emociones a través del modelado y la interacción con los padres. Si un padre es emocionalmente inmaduro, puede no proporcionar al niño las herramientas necesarias para comprender, expresar y regular sus propias emociones. Esto puede llevar a episodios de enojo, ansiedad, tristeza o reclusión.

4. Falta de Habilidades Sociales: La interacción con un padre emocionalmente disponible ayuda a los niños a desarrollar habilidades sociales como la empatía, el compartir y escuchar. Un entorno carente de estas interacciones puede dificultar que el niño aprenda y practique estas habilidades en otros contextos, como la escuela o con sus compañeros.

5. Búsqueda de Validación Externa: En ausencia de validación y reconocimiento por parte de los padres, un niño puede buscar constantemente la aprobación y validación de fuentes externas, volviéndose excesivamente preocupado por complacer a los demás o adaptarse a las expectativas ajenas a expensas de sus propias necesidades y deseos.

6. Patrones Relacionales Disfuncionales: Crecer en un entorno con padres emocionalmente inmaduros puede llevar a los niños a desarrollar patrones relacionales que reflejan estas dinámicas iniciales. Esto podría manifestarse como una tendencia a establecer relaciones con parejas que replican las mismas dinámicas de distancia, rechazo o inconsistencia.

7. Riesgos para la Salud Mental: La exposición prolongada a un entorno carente de respuesta emocional puede aumentar el riesgo de desarrollar problemas de salud mental como la depresión, la ansiedad, los trastornos alimentarios o los problemas de adicción.

En resumen, aunque los niños son increíblemente resilientes, crecer en un entorno con padres emocionalmente inmaduros puede plantear desafíos significativos. La comprensión de estas dinámicas y la implementación de intervenciones y apoyos adecuados pueden ayudar a los niños a navegar por estos entornos difíciles y desarrollar una mayor madurez emocional y bienestar a largo plazo.

Para el aprendizaje social y emocional. Las interacciones diarias con los padres, o quienes desempeñan su papel, ofrecen a los niños las primeras lecciones sobre cómo percibirse a sí mismos, a los demás y al mundo que los rodea. Cuando estos padres son emocionalmente inmaduros, las lecciones transmitidas a menudo pueden estar distorsionadas o ser incoherentes. Por ejemplo, en familias en las que los padres no reconocen o minimizan las emociones de sus hijos, estos pueden crecer sin la capacidad de reconocer o poner nombre a sus propias emociones. En tales circunstancias, los niños pueden desarrollar una especie de "analfabetismo emocional", encontrando difícil identificar y diferenciar entre diferentes emociones. Esta falta puede llevar a dificultades para reconocer y responder adecuadamente a las emociones de los demás, una habilidad clave para establecer relaciones interpersonales saludables.

Además de la falta de reconocimiento emocional, la exposición a comportamientos impredecibles o volátiles por parte de los padres puede llevar a los niños a desarrollar un estado de alerta constante. En estas familias, el entorno puede ser percibido como inestable o impredecible, lo que lleva a los niños a vivir en un estado de constante vigilancia o ansiedad. Este estado de hipervigilancia puede afectar su rendimiento académico, su capacidad para construir amistades y, en general, su bienestar.

Otra ramificación de crecer con padres emocionalmente inmaduros es la tendencia a invertir los roles. En algunas circunstancias, el niño puede sentirse obligado a cuidar del padre, asumiendo responsabilidades que van más allá de su edad o capacidad. Esto puede ocurrir cuando el padre depende en exceso del hijo para apoyo emocional o cuando el niño siente que debe "proteger" al padre de emociones negativas. Esta dinámica puede privar al niño de una verdadera infancia, obligándolo a madurar demasiado rápido y a asumir responsabilidades que no deberían ser suyas.

Además, los niños que crecen en estos entornos pueden desarrollar una visión distorsionada del amor y la aceptación. Pueden creer que el amor es condicional, basado en el desempeño o en conformarse con las expectativas de los demás. Esta percepción puede llevarlos a buscar relaciones en las que constantemente se sientan subestimados o en las que sientan que deben "ganarse" el amor y la aprobación de los demás. Finalmente, la exposición a comportamientos de rechazo o retirada emocional por parte de los padres puede inculcar en los niños un profundo temor al abandono. Este miedo puede manifestarse de diversas maneras, como inseguridad en las relaciones, celos o dificultad para confiar en los demás. El miedo al abandono puede llevar a comportamientos de apego excesivo o, por el contrario, a comportamientos de distanciamiento, dependiendo de cómo el niño elija enfrentar esta ansiedad.

La dinámica entre padres emocionalmente inmaduros y sus hijos puede influir en el desarrollo de habilidades fundamentales para el niño. Por ejemplo, la capacidad de resolución de problemas y la capacidad de manejar conflictos a menudo son influenciadas por la forma en que los padres manejan situaciones estresantes. Si un padre reacciona a los desafíos con retirada emocional, negación o explosiones irracionales, un niño podría no desarrollar métodos efectivos y maduros para enfrentar las dificultades.

La resiliencia, la capacidad de recuperarse rápidamente de las dificultades, también puede verse afectada. Los niños necesitan modelos a seguir que muestren cómo enfrentar los desafíos con fortaleza y determinación. En ausencia de

estos modelos, los niños pueden crecer
sintiéndose impotentes ante la adversidad o
pueden no aprender a ver los desafíos como
oportunidades de crecimiento.

El concepto de límites es otro elemento
fundamental que podría no desarrollarse
adecuadamente en niños con padres
emocionalmente inmaduros. Los niños aprenden
la noción de límites personales a través de las
interacciones con los padres y otros miembros de
la familia. Cuando un padre no respeta los límites
emocionales o físicos de un niño, esto puede
llevar a dificultades para establecer y mantener
límites saludables en relaciones futuras. El niño
puede crecer creyendo que es normal que sus
necesidades sean constantemente ignoradas o
que es aceptable invadir el espacio personal de
los demás.

La percepción de la realidad y la forma en que
ven el mundo también pueden distorsionarse en
presencia de padres emocionalmente inmaduros.
Por ejemplo, si un padre niega constantemente
su responsabilidad o reformula la realidad para
adaptarla a sus propias necesidades o
percepciones, un niño podría luchar para
distinguir entre lo que es real y lo que está
distorsionado. Esto puede llevar a confusión,
ansiedad y una falta de confianza en sus propias
percepciones.

La formación de la identidad es otro proceso crucial durante la infancia y la adolescencia. Los niños buscan comprender quiénes son, cuál es su lugar en el mundo y qué los hace únicos. Esta búsqueda de identidad puede obstaculizarse si los padres no proporcionan retroalimentación positiva o si manipulan o minimizan los logros y sentimientos del niño. En tales circunstancias, un niño podría desarrollar una identidad basada en tratar de complacer a los demás o en evitar el conflicto, en lugar de en una comprensión real de sí mismo.

Por último, la capacidad de disfrutar y apreciar las pequeñas cosas de la vida puede verse comprometida. Los niños tienen un innato sentido de asombro y curiosidad. Sin embargo, en un entorno en el que los sentimientos positivos a menudo son reprimidos o ridiculizados, o donde falta entusiasmo o aprecio por las alegrías cotidianas, esta capacidad de asombrarse puede disminuir o, en el peor de los casos, desaparecer por completo.

La esencia de la infancia está entrelazada con el descubrimiento de uno mismo, el aprendizaje de las relaciones con los demás y la comprensión de nuestro lugar en el mundo. Estos procesos de desarrollo están profundamente influenciados por el entorno en el que un niño crece, y los padres, como las figuras más influyentes en esta etapa, desempeñan un papel crucial.

En presencia de padres emocionalmente inmaduros, muchas de estas etapas de desarrollo pueden experimentar desviaciones o interrupciones. El daño no siempre es inmediatamente visible; a menudo, las repercusiones de una infancia con padres emocionalmente inmaduros solo emergen en la edad adulta, cuando la persona enfrenta dificultades en las relaciones, en el manejo de las emociones o en la definición de su propia identidad.

Uno de los aspectos más dolorosos de tener padres emocionalmente inmaduros es la pérdida potencial de lo que podría haber sido. Cada niño merece una infancia en la que se sienta visto, escuchado y comprendido. Si bien muchos niños encuentran formas de adaptarse y desarrollar mecanismos de afrontamiento, la sombra de lo que les faltó puede persistir. Esta sensación de "falta" puede manifestarse como una búsqueda constante de aprobación, una lucha por establecer relaciones profundas y significativas, o una sensación de desconexión de su verdadera identidad.

Además, la capacidad de una persona para establecer vínculos seguros y amorosos puede verse comprometida. El apego seguro, que se forma a través de interacciones coherentes y cariñosas con los cuidadores durante la infancia, sienta las bases para las relaciones futuras. En ausencia de este apego, una persona puede desarrollar patrones de apego inseguro que pueden llevar a dinámicas de relación problemáticas en la edad adulta.

Sin embargo, es fundamental destacar que no todos los niños que crecen con padres emocionalmente inmaduros están destinados a vivir vidas problemáticas o insatisfactorias. Muchos encuentran la fuerza y los recursos, tanto internos como externos, para superar estos desafíos iniciales. Algunos buscan apoyo terapéutico o encuentran apoyo en otras figuras adultas positivas en sus vidas, como maestros, parientes o mentores.

En resumen, aunque la infancia es un período formativo y vulnerable, también es un período de gran resiliencia. El impacto de tener padres emocionalmente inmaduros puede ser profundo y duradero, pero con la orientación, el apoyo y la comprensión adecuados, es posible reescribir nuestra propia historia, encontrar la curación y construir un futuro brillante y significativo.

4. Signos y Síntomas en Niños: Identificación de Comportamientos y Señales Comunes en Niños que Viven en Estas Condiciones

La presencia de padres emocionalmente inmaduros puede influir en el comportamiento y el bienestar emocional de los niños de diversas maneras. Aunque cada niño es único y puede reaccionar de manera diferente a las circunstancias, existen algunos signos y síntomas comunes que pueden manifestarse en niños que viven con padres incapaces de proporcionar el apoyo emocional adecuado. Aquí tienes una descripción detallada de estos comportamientos y señales:

1. **Comportamiento Regresivo:** Un niño podría volver a comportamientos asociados con una etapa anterior de desarrollo, como chuparse el dedo, hacer berrinches o tener problemas de control de esfínteres.

2. **Aislamiento Social:** El niño podría aislarse, mostrando poco interés en interactuar con sus pares o adultos fuera de la familia.

3. **Ansiedad y Preocupación Excesiva:** Esto se manifiesta a través de comportamientos nerviosos, preocupaciones constantes o preguntas ansiosas sobre el futuro.

4. **Problemas de Sueño y Alimentación:** Pueden surgir trastornos del sueño, como pesadillas, terrores nocturnos o insomnio. También puede haber influencia en el apetito, llevando a comer en exceso o a la falta de apetito.

5. **Baja Autoestima:** El niño podría hablar de sí mismo en términos negativos, mostrar renuencia a probar cosas nuevas o expresar creencias como "no soy lo suficientemente bueno".

6. **Problemas Escolares:** Puede haber dificultades de concentración, un bajo rendimiento académico o comportamientos problemáticos en la escuela.

7. **Excesiva Dependencia o Adhesión:** El niño podría volverse demasiado pegajoso, teniendo dificultades para separarse de los padres u otras figuras de referencia.

8. **Comportamientos Autodestructivos:** En casos graves, algunos niños podrían comenzar a mostrar comportamientos autodestructivos, como autolesiones, o hablar de pensamientos suicidas.

9. **Sentimientos de Ira o Frustración:** Estos sentimientos pueden manifestarse a través de estallidos de ira, comportamientos violentos u oposición.

10. **Problemas de Confianza:** Puede haber dificultades para establecer vínculos con los demás, desconfianza o miedo a los adultos.

11. **Sensación de Soledad:** Aunque estén rodeados de otras personas, estos niños pueden expresar sentimientos de aislamiento o de no ser comprendidos.

12. **Imitación o Adaptación Excesiva:** En un intento de evitar conflictos o atraer atención, el niño podría tratar de "desaparecer" mimetizándose con el entorno o adaptándose en exceso a las necesidades de los demás, a menudo a expensas de las suyas.

13. **Escape a la Fantasía:** Como forma de compensar el entorno emocional deficiente, el niño podría desarrollar mundos imaginarios o sumergirse excesivamente en libros, películas o videojuegos como medio de escape.

14. **Responsabilidad Excesiva:** Algunos niños podrían intentar "arreglar" la situación asumiendo responsabilidades más allá de su edad, como cuidar de hermanos menores o tratar de mediar entre los padres.

En resumen, los niños que viven con padres emocionalmente inmaduros pueden mostrar una amplia gama de signos y síntomas debido al entorno emocional deficiente. Sin embargo, es fundamental recordar que estos signos no son una sentencia; con el apoyo adecuado y la intervención oportuna, los niños pueden superar estos desafíos y prosperar.

Continuación: Explorando los Signos y Síntomas en Niños Criados por Padres Emocionalmente Inmaduros

1. Somatización: Los niños pueden desarrollar síntomas físicos como respuesta al estrés emocional, que incluyen dolores de cabeza, dolores de estómago u otros malestares y trastornos sin una causa médica evidente.

2. Evitación de Responsabilidades: A diferencia de aquellos que asumen responsabilidades excesivas, algunos niños pueden evitar por completo las responsabilidades, negándose a enfrentar cualquier tarea o desafío.

3. Dependencia Excesiva en Dispositivos Electrónicos: En un intento de distracción o evasión de la realidad, algunos niños pueden volverse excesivamente dependientes de sus dispositivos, como smartphones o computadoras, pasando horas en actividades como juegos en línea.

4. Miedo a la Crítica: Pueden evitar situaciones en las que temen ser juzgados o criticados, ya que cada pequeña crítica podría experimentarse como una confirmación de sus temores internos sobre su inadecuación.

5. Dificultad para Expresar Emociones:
Pueden tener dificultades para identificar o hablar sobre sus propios sentimientos, a menudo guardándolos hasta que ya no pueden contenerlos.

6. Búsqueda de Aprobación: Algunos niños pueden buscar constantemente la aprobación y la validación de adultos y compañeros, a menudo modificando su comportamiento para agradar a los demás a expensas de su autenticidad.

7. Envidia de sus Pares: Dado que estos niños pueden notar la diferencia entre sus familias y las de sus amigos, podrían experimentar envidia o celos hacia sus compañeros, a quienes perciben como teniendo una vida familiar "normal" o "mejor".

8. Evitación de la Intimidad: Crecer en un entorno donde la intimidad emocional no se modela o valora puede llevar al niño a evitar o temer la intimidad en relaciones futuras.

9. Perfeccionismo: En un intento de evitar críticas o rechazo, el niño podría desarrollar rasgos perfeccionistas, presionándose para ser el mejor en todo lo que hace.

10. Sentimientos de Impotencia: Pueden sentir que no tienen control sobre sus vidas o su destino, lo que conduce a sentimientos de desesperación y apatía.

Es importante recordar que, si bien estos signos pueden indicar la presencia de padres emocionalmente inmaduros, también pueden verse influenciados por una variedad de otros factores. Cada niño es un individuo, y sus reacciones y comportamientos serán una mezcla única de temperamento, experiencias y contexto ambiental. Además, es posible que un niño solo muestre algunos de estos signos o los manifieste de manera diferente a la descrita. La clave está en la observación atenta y la escucha, asegurando que el niño tenga un entorno seguro en el que pueda expresar y procesar sus emociones y preocupaciones.

El Entorno de Crianza y sus Impactos Profundos

1. Ambivalencia Emocional: Los niños pueden desarrollar sentimientos ambivalentes hacia sus padres, oscilando entre el deseo de cercanía y la ira o el resentimiento. También pueden tener dificultades para resolver estos sentimientos contradictorios.

2. Dependencia en Roles Familiares Rígidos: Para buscar previsibilidad y estructura en un entorno inestable, el niño puede adherirse rígidamente a un papel específico dentro de la familia, como el pacificador, el rebelde o el responsable.

3. Hiper-Vigilancia: Crecer en un entorno impredecible puede llevar al niño a desarrollar una constante sensación de alerta, siempre listo para reaccionar ante posibles amenazas o cambios.

4. Dificultad para Establecer Límites: Pueden luchar para diferenciarse de los demás, encontrando difícil afirmar sus propias necesidades o decir "no" a las solicitudes de los demás.

5. Comportamientos Compulsivos: Como mecanismo de afrontamiento, pueden desarrollar comportamientos compulsivos, como lavarse las manos repetidamente, revisar obsesivamente las cosas o acumular objetos.

6. Sentimiento Pervasivo de Vergüenza: Incluso en ausencia de una razón evidente, el niño puede sentirse profundamente inadecuado o avergonzado de sí mismo, creyendo que es fundamentalmente defectuoso.

7. Tendencia a la Rumia: Pueden pasar mucho tiempo reflexionando sobre eventos pasados, tratando de dar sentido a sus experiencias o preocupándose por el futuro.

8. Deseo de Normalidad: Puede surgir un profundo deseo de "normalidad", con el niño tratando de mimetizarse o conformarse con las expectativas sociales sin sentirse nunca verdaderamente "normal".

9. Inhibición Creativa: El miedo a expresarse libremente y el temor al juicio pueden inhibir su capacidad de mostrar su creatividad o perseguir pasiones artísticas.

10. Relaciones Tóxicas: Crecer sin modelos adecuados de interacción saludable puede llevar al niño a repetir patrones familiares tóxicos en sus futuras relaciones.

La lista de signos y comportamientos potenciales en niños con padres emocionalmente inmaduros puede parecer desalentadora, pero es esencial para comprender la amplitud y profundidad del impacto que estos padres pueden tener. Sin embargo, también es importante destacar que no todos estos signos aparecerán en cada niño y que existen recursos y tratamientos terapéuticos efectivos que pueden ayudar tanto a los niños como a los adultos a sanar y construir relaciones más saludables.

La complejidad de los signos y síntomas que surgen en niños criados por padres emocionalmente inmaduros representa la interconexión entre el contexto familiar y el desarrollo del niño. Crecer en un ambiente caracterizado por la inestabilidad emocional, la falta de empatía y la falta de comprensión de las necesidades del niño puede llevar, en muchos casos, a una serie de respuestas de

comportamiento y psicológicas en los niños.
Estos signos no son simplemente sintomáticos de
un solo problema; más bien, son manifestaciones
de una serie de problemas interconectados que
resultan de un entorno de crianza deficiente.
Cada síntoma o signo que surge en un niño no
debe verse de manera aislada, sino como parte de
una red compleja de respuestas y estrategias de
adaptación que el niño ha desarrollado para
navegar en su entorno. Por ejemplo, la tendencia
a la rumiación podría estar relacionada con un
sentido pervasivo de vergüenza o con la hipervigilancia; la adhesión rígida a roles familiares
podría ser el resultado de los intentos del niño de
traer orden y previsibilidad a un entorno caótico.
La profundidad y amplitud de estos signos y
síntomas subrayan la importancia de una
intervención temprana y un apoyo adecuado. Si
bien es cierto que muchos niños pueden mostrar
resiliencia y capacidad de adaptación, esto no
significa que no necesiten ayuda o que sus
experiencias no hayan dejado cicatrices. Por el
contrario, la resiliencia y la adaptabilidad a veces
pueden ocultar la verdadera necesidad de apoyo,
comprensión y terapia.
En conclusión, es esencial reconocer que la
inmadurez emocional de los padres no solo afecta
la dinámica familiar diaria, sino que tiene
repercusiones a largo plazo en el desarrollo

psicoemocional de los niños. Reconocer estos signos es el primer paso fundamental para brindar el apoyo necesario y emprender un camino hacia la curación. La terapia, el apoyo escolar, las interacciones positivas con adultos de referencia y una comprensión profunda de sus experiencias pueden ayudar a estos niños a enfrentar los desafíos de la vida y construir un futuro saludable y gratificante. La clave está en la empatía, la comprensión y la acción informada para ayudar a estos niños a reconocer su valía y reconstruir la confianza en sí mismos y en el mundo que les rodea.

5. Repercusiones a Largo Plazo: Explora cómo estos problemas de la infancia influyen en la vida adulta en términos de relaciones, carrera y bienestar general. Las experiencias infantiles, especialmente aquellas relacionadas con la naturaleza de las relaciones con los padres, dejan una huella indeleble que puede influir profundamente en la vida de un individuo durante la edad adulta. Las dinámicas establecidas durante la infancia pueden manifestarse de diversas maneras, influyendo en las relaciones, la carrera y el bienestar general. Exploremos algunas de las repercusiones a largo plazo más significativas que la infancia vivida con padres emocionalmente inmaduros puede tener en el individuo adulto:

1. Relaciones Interpersonales: Los adultos que han tenido padres emocionalmente inmaduros pueden luchar por establecer y mantener relaciones íntimas. Pueden temer el rechazo, tener dificultades para confiar en los demás o evitar la cercanía por miedo a ser heridos. Al mismo tiempo, también pueden encontrarse en relaciones tóxicas, replicando las dinámicas familiares que experimentaron de niños.

2. Autoestima: Estos adultos pueden tener una baja autoestima, a menudo arraigada en las experiencias infantiles en las que se sintieron incomprendidos, descuidados o rechazados. La persistente sensación de no ser "lo suficientemente bueno" puede influir en las decisiones de vida y las aspiraciones personales.

3. Carrera y Logros Profesionales: El temor al juicio, la ansiedad por el desempeño y la tendencia a la auto-sabotaje pueden obstaculizar el progreso profesional. Al mismo tiempo, algunos pueden volverse excesivamente ambiciosos o perfeccionistas, buscando compensar las deficiencias percibidas o buscar aprobación y validación a través de éxitos externos.

4. Salud Mental: La exposición a padres emocionalmente inmaduros puede aumentar el riesgo de desarrollar problemas de salud mental como depresión, ansiedad, trastornos alimentarios o adicciones. Estos problemas pueden ser intentos de manejar o enmascarar el dolor y la confusión derivados de traumas infantiles.

5. Regulación Emocional: Los adultos pueden luchar para identificar, expresar y manejar sus propias emociones. Esto puede manifestarse como una reactividad excesiva, retiro emocional o el uso de mecanismos de defensa poco saludables para evitar el dolor emocional.

6. Elecciones de Vida y Estrategias de Afrontamiento: Para compensar la infancia carente de apoyo, algunos pueden buscar consuelo en comportamientos destructivos como el abuso de sustancias, relaciones efímeras o el juego.

7. Percepción de uno Mismo y del Mundo: La imagen de sí mismos puede distorsionarse, con los adultos viéndose a través de una lente negativa. La visión del mundo puede volverse defensiva o cínica, lo que afecta la capacidad de construir relaciones positivas y tener esperanza en un futuro mejor.

8. Cuerpo y Bienestar Físico: La acumulación de estrés y trauma emocional también puede manifestarse a nivel físico, dando lugar a problemas como el insomnio, los trastornos alimentarios, las tensiones musculares crónicas o las enfermedades relacionadas con el estrés.

9. Miedo al Cambio y al Crecimiento: La familiaridad de las dinámicas infantiles, incluso si son negativas, puede hacer que algunos adultos sean reacios al cambio, temiendo lo desconocido o la posibilidad de fracaso.

10. Necesidad de Control: Haber experimentado un entorno caótico durante la infancia puede llevar a que el adulto intente controlar excesivamente el entorno circundante, lo que resulta en dinámicas relacionales disfuncionales o comportamientos obsesivo-compulsivos.

En conclusión, las repercusiones a largo plazo de una infancia pasada con padres emocionalmente inmaduros son profundas y variadas. Sin embargo, es fundamental destacar que, a pesar de estos desafíos, muchos adultos encuentran formas de sanar y crecer. La terapia, la autorreflexión, las relaciones de apoyo y el aprendizaje de nuevas habilidades de afrontamiento pueden ayudar a las personas a superar estos obstáculos y construir una vida satisfactoria.

Implicaciones de Crecer con Padres Emocionalmente Inmaduros

Las implicaciones de crecer con padres emocionalmente inmaduros pueden irradiar en casi todos los aspectos de la vida de un individuo. Aunque las consecuencias principales ya han sido exploradas, existen muchas capas y facetas de este impacto que merecen una reflexión adicional:

Modalidades de Actitud y Comunicación:
Los adultos criados en familias con padres emocionalmente inmaduros pueden haber desarrollado formas específicas de comunicarse y relacionarse con otros. Pueden manifestar comportamientos pasivo-agresivos, ya que es posible que nunca hayan aprendido a expresar abiertamente la frustración o el malestar. Alternativamente, pueden evitar por completo los conflictos, retirándose o cediendo ante cualquier forma de tensión. Esto puede llevar a relaciones en las que sus propias necesidades y deseos se ponen constantemente en segundo plano.

Visión de la Intimidad: La intimidad, tanto emocional como física, puede ser vista como algo peligroso o amenazante. Esto se debe a que la apertura y la vulnerabilidad con los padres en el pasado podrían haber llevado al rechazo o la burla. Como resultado, la idea de volverse íntimo con alguien, incluso en una relación amorosa, puede generar ansiedad o miedo.

Dependencia e Independencia: La lucha entre desear independencia y temer el aislamiento puede convertirse en una lucha central. Algunos pueden volverse excesivamente independientes, rechazando la ayuda incluso cuando la necesitan, mientras que otros pueden volverse excesivamente dependientes, buscando constantemente la validación y aprobación de los demás.

Búsqueda de Figuras Parentales Sustitutas: Una tendencia común entre aquellos que han tenido padres emocionalmente inmaduros es buscar figuras parentales sustitutas en la edad adulta. Esto puede manifestarse al buscar mentores, amigos mayores o incluso terapeutas que puedan proporcionar la orientación y el apoyo que faltaron durante la infancia.

Autoconcepto Basado en el Rendimiento: Muchos adultos pueden basar su autoconcepto en lo que hacen en lugar de en lo que son. Esto puede llevar a un énfasis excesivo en los logros y el éxito externo como medida de su autoestima.

Manejo del Estrés y Resiliencia: La capacidad para manejar el estrés y recuperarse de eventos adversos podría verse comprometida. Situaciones que pueden parecer triviales o manejables para otros pueden sentirse abrumadoras para aquellos que han pasado la infancia en un entorno inestable.

Modo de Aprendizaje y Crecimiento: El enfoque en el aprendizaje y el crecimiento personal puede verse influenciado por el miedo al error o al revelar la propia "inadecuación". Esto puede llevar a evitar nuevas experiencias o desafíos, limitando la capacidad de crecimiento y desarrollo.

Sensibilidad a las Necesidades de los Demás: Paradójicamente, mientras que el propio crecimiento emocional puede haber sido obstaculizado, muchos adultos con padres emocionalmente inmaduros desarrollan una profunda sensibilidad a las necesidades y los sentimientos de los demás. Pueden volverse extremadamente empáticos, a menudo a expensas de sus propias necesidades y límites.

Concepción de la Familia y la Parentalidad: Cuando se convierten en padres, los adultos con un pasado de padres emocionalmente inmaduros pueden estar decididos a "romper el ciclo" y proporcionar a sus hijos lo que les faltó. Sin embargo, sin una reflexión y terapia adecuadas, podrían repetir inconscientemente algunos de los comportamientos aprendidos.

Estos son solo algunos de los muchos modos en que el crecimiento en un entorno con padres emocionalmente inmaduros puede influir en la vida de un individuo. Aunque los desafíos son significativos, con la introspección adecuada, el apoyo y los recursos, es posible encontrar la curación y construir una vida rica y satisfactoria.

Estilo de Apego Inseguro: Una de las implicaciones más profundas de crecer con padres emocionalmente inmaduros es el desarrollo de estilos de apego inseguros. Los estilos de apego se forman en respuesta a cómo se satisfacen las necesidades emocionales de un niño por parte de sus cuidadores. Cuando los cuidadores son impredecibles, distantes o demasiado invasivos, los niños pueden desarrollar estilos de apego ansiosos, evitativos o desorganizados. Estos patrones de apego pueden influir profundamente en cómo un individuo se acerca a las relaciones durante la edad adulta, a menudo llevando a dinámicas no saludables.

Tendencia a Relaciones Tóxicas: Dada su experiencia pasada, los adultos que crecieron con padres emocionalmente inmaduros pueden encontrar difícil reconocer y establecer relaciones saludables. Pueden sentirse atraídos por parejas que reproducen comportamientos familiares, incluso si son dañinos, o pueden tener dificultades para establecer límites saludables.

Disociación y Evasión: Para enfrentar la inestabilidad emocional de la infancia, algunos pueden haber desarrollado mecanismos de defensa como la disociación. Esto implica un distanciamiento de la realidad circundante, a menudo como respuesta a situaciones estresantes o traumáticas. Como adultos, esta disociación puede manifestarse de diversas maneras, como la incapacidad para permanecer presentes en situaciones emocionalmente cargadas o la tendencia a "escapar" mentalmente.

Auto-sabotaje: La falta de autoestima y confianza en uno mismo puede llevar a comportamientos de auto-sabotaje. Esto podría incluir evitar oportunidades que conducirían al éxito, retirarse de relaciones prometedoras o crear problemas en situaciones que de otro modo serían estables. El auto-sabotaje puede derivar de la creencia inconsciente de que no se merece la felicidad o el éxito.

Hipersensibilidad a la Crítica: Crecer en un entorno donde constantemente se comprometía la autoestima puede hacer que se sea extremadamente sensible a la crítica. Esta hipersensibilidad puede manifestarse en evitar situaciones en las que se pueda ser juzgado o reaccionar excesivamente a comentarios, incluso constructivos.

Compulsiones y Dependencias: Para hacer frente al dolor no resuelto, algunos pueden recurrir a comportamientos compulsivos o adicciones. Esto puede incluir el uso de sustancias, la alimentación compulsiva, las compras compulsivas o cualquier otro comportamiento que proporcione un alivio temporal del dolor interno.

Problemas de Identidad: Sin un sólido modelo de autoconcepto y comprensión emocional durante la infancia, muchas personas luchan por desarrollar un sólido sentido de sí mismas. Esta falta de identidad clara puede llevar a una búsqueda continua de pertenencia y aprobación externa.

Dificultades en la Parentalidad: Cuando las personas se convierten en padres, las heridas y carencias de su infancia pueden resurgir. Esto puede manifestarse a través de la incertidumbre sobre su capacidad para ser buenos padres o a través de la repetición inconsciente de comportamientos aprendidos de sus propios padres.

La profundidad y amplitud de las implicaciones a largo plazo son vastas, y cada individuo tendrá su propia combinación única de desafíos y reacciones basadas en sus experiencias personales. Sin embargo, reconocer estos patrones y comprender sus orígenes es el primer paso crucial hacia la curación y la creación de una vida más saludable y satisfactoria.

La comprensión de las repercusiones a largo plazo de crecer con padres emocionalmente inmaduros es fundamental no solo para aquellos que han vivido directamente estas experiencias, sino también para profesionales de la salud mental, educadores y la sociedad en su conjunto. El tejido de los múltiples desafíos descritos ofrece una visión detallada de cómo una infancia carente de estabilidad emocional puede influir en la formación de la identidad, en la forma en que las personas se perciben a sí mismas y a los demás, y en cómo enfrentan los desafíos en la vida adulta.

Crecer con padres emocionalmente inmaduros puede desencadenar una serie de comportamientos autoprotectores y patrones de pensamiento distorsionados. Si bien estos comportamientos y patrones pueden haber tenido sentido durante la infancia como mecanismos de adaptación en un entorno impredecible, a menudo no sirven al individuo en su vida adulta y pueden convertirse en obstáculos para el bienestar y la felicidad.

Las relaciones pueden volverse particularmente problemáticas, ya que el individuo podría buscar inconscientemente dinámicas familiares en la vida adulta o podría luchar con la vulnerabilidad y la intimidad debido a las heridas pasadas. La carrera, la educación y otras áreas de la vida pueden verse afectadas por inseguridades arraigadas, el auto-sabotaje y una hipersensibilidad a las críticas.

Sin embargo, con una profunda conciencia de los orígenes de estos desafíos y un compromiso con la curación, hay esperanza. Muchas personas superan sus dificultades iniciales y construyen vidas llenas de significado, conexión y realización. La importancia del apoyo terapéutico, las comunidades de apoyo y los recursos educativos no puede enfatizarse lo suficiente: son fundamentales para ayudar a las personas a desmontar los viejos patrones y construir nuevas estrategias para una vida satisfactoria.

La resiliencia humana es extraordinaria, y aunque las heridas de la infancia pueden dejar cicatrices profundas, la capacidad de curación, crecimiento y transformación es igualmente profunda. La clave está en el reconocimiento, la aceptación y la búsqueda activa de cambio y apoyo.

6. El Papel del Dinero y el Poder: Analiza cómo la inmadurez emocional puede influir en las decisiones económicas y de poder dentro de la familia.

El Papel del Dinero y el Poder: En muchas familias, el dinero y el poder están estrechamente relacionados y pueden ser utilizados como medios para ejercer control, influir en las dinámicas familiares y manifestar inseguridades o inmadurez emocional. Cuando se trata de padres emocionalmente inmaduros, esta conexión puede volverse especialmente evidente y problemática.

1. **Control a través de los Recursos Económicos:** Los padres emocionalmente inmaduros pueden utilizar el dinero como una herramienta de manipulación. Esto puede incluir la amenaza de retirar el apoyo financiero, regalar dinero o bienes como forma de manipulación, o controlar en exceso los gastos de los hijos, incluso cuando son adultos.

2. **El Dinero como Sustituto del Afecto:** En algunas familias, los regalos, el dinero u otras formas de apoyo material pueden sustituir al afecto genuino y la atención emocional. En lugar de brindar empatía, comprensión y apoyo emocional, un padre emocionalmente inmaduro podría recurrir a la compra de bienes como un intento torpe de "resolver" problemas emocionales o como un medio para demostrar amor.

3. **Inseguridad y Ostentación:** La inseguridad emocional puede llevar a la necesidad de ostentar o gastar en exceso como un intento de ganar aprobación social o reforzar la propia autoestima. Un padre podría intentar impresionar a los demás a través de bienes materiales, tratando de compensar de esta manera sus carencias emocionales.

4. **Decisiones Financieras Impulsivas:** La inmadurez emocional puede manifestarse a través de decisiones financieras impulsivas o irresponsables. En lugar de considerar las implicaciones a largo plazo o las necesidades de la familia en su conjunto, un padre emocionalmente inmaduro podría realizar compras basadas en necesidades emocionales del momento o deseos efímeros.

5. **El Poder como Medio de Control:** Además del dinero, el poder en forma de autoridad o control puede ejercerse de manera poco saludable. Esto podría manifestarse como una necesidad de dominar o controlar las decisiones familiares, limitar la autonomía de otros miembros de la familia o utilizar la culpa y la manipulación para mantener una posición dominante.

6. **Evitación de la Responsabilidad:** Paradójicamente, mientras que algunos padres emocionalmente inmaduros pueden intentar controlar en exceso las finanzas y las decisiones de poder, otros pueden evitar por completo las responsabilidades financieras, descuidando las necesidades de la familia o delegando la gestión del dinero a otros sin una adecuada reflexión o comprensión.

7. **Conflictos y Rivalidades:** La inmadurez emocional puede llevar a conflictos relacionados

con el dinero y el poder dentro de la familia, con miembros individuales compitiendo por los recursos o sintiéndose amenazados cuando otros ganan autonomía financiera o poder. En conclusión, el dinero y el poder, en manos de individuos emocionalmente inmaduros, pueden convertirse en herramientas de manipulación, control y conflicto dentro de la familia. La capacidad de reconocer y abordar estas dinámicas poco saludables es esencial para romper los ciclos de dependencia, manipulación y abuso. La conciencia de las motivaciones emocionales detrás de las decisiones financieras y de poder puede ayudar a las personas a navegar y construir relaciones familiares más saludables y equilibradas.

La comprensión de cómo el dinero y el poder se utilizan dentro de una familia dominada por padres emocionalmente inmaduros proporciona una visión profunda de los patrones de comportamiento que pueden surgir.

La Dinámica de la Escasez: En ciertos contextos, los padres emocionalmente inmaduros pueden crear un ambiente de escasez, donde hay una percepción constante de que nunca hay suficiente dinero, independientemente de la realidad financiera de la familia. Esto puede inculcar una mentalidad de escasez en los hijos, haciéndoles temer constantemente no tener suficiente, tanto en términos de recursos materiales como de recursos emocionales.

El Valor Personal Ligado a la Posesión Material: Cuando faltan las habilidades emocionales, el valor de una persona puede percibirse como estrechamente relacionado con sus bienes materiales. Esto puede traducirse en una presión sobre uno mismo y sobre otros miembros de la familia para tener éxito materialmente como medio para ganar amor y aprobación.

El Dinero como Sustituto de las Emociones: En momentos de tensión o conflicto, un padre emocionalmente inmaduro podría ofrecer dinero o regalos como una forma de "solucionar" la situación en lugar de abordar el verdadero problema emocional. Esto puede llevar a los niños a desarrollar una relación poco saludable con el dinero, viéndolo como un sustituto del afecto o como un medio para ganar la aprobación de los padres.

Dependencia Financiera y Autonomía: En algunas familias, un padre emocionalmente inmaduro podría mantener deliberadamente a los hijos en un estado de dependencia financiera, impidiéndoles adquirir las habilidades y la confianza necesarias para volverse autónomos. Este control financiero puede convertirse en un medio para mantener a los hijos "cerca", tanto emocional como físicamente, mucho más allá de la edad adulta. **Evitación y Negación:** Por otro lado, algunos padres emocionalmente inmaduros pueden evitar por completo los temas relacionados con el dinero, viviendo en un estado de negación con respecto a sus responsabilidades financieras. Esto puede llevar a problemas como deudas impagas, recaudación irracional de fondos o evitar decisiones financieras importantes que afectan a toda la familia.

Resonancia en Relaciones Futuras: Los niños criados en estas dinámicas pueden llevar patrones poco saludables a su vida adulta. Por ejemplo, podrían buscar parejas que ejerzan control financiero sobre ellos, o, por el contrario, podrían evitar por completo el dinero y las responsabilidades financieras en sus relaciones. De hecho, cuando los padres utilizan el dinero como una extensión de sus inseguridades o como medio para ejercer control, esto puede tener profundas repercusiones en el desarrollo emocional y financiero de sus hijos. Estos patrones pueden arraigarse profundamente, influyendo no solo en la forma en que una persona ve el dinero, sino también en la forma en que se percibe a sí misma y en su valor dentro de las relaciones.

Abuso Financiero y Relaciones: Una manifestación extrema de la manipulación del dinero y el poder es el abuso financiero, donde un padre o una pareja utilizan el dinero como herramienta para controlar y dominar al otro. Pueden limitar el acceso a los fondos, controlar todas las decisiones financieras o utilizar el dinero como medio para castigar o recompensar.

La Cuestión de la Herencia: En familias con padres emocionalmente inmaduros, la cuestión de la herencia puede convertirse en un campo minado. Promesas, amenazas de desheredar y manipulaciones pueden rodear el concepto de quién recibirá qué, convirtiendo el dinero y los bienes en un punto central de tensión y conflicto.

Valores Distorsionados: Debido al énfasis excesivo en el dinero y el poder, los niños pueden crecer creyendo que el éxito material es el único parámetro de éxito en la vida. Esto podría llevarlos a perseguir metas materiales a expensas de las relaciones, la felicidad y la satisfacción personal.

Subestimación del Dinero: Algunos padres emocionalmente inmaduros, en un intento de parecer no materialistas, podrían minimizar el valor e importancia del dinero, llevando a los niños a no tener una comprensión saludable de la economía personal y la autosuficiencia.

La Importancia del Estatus: En algunas familias, el dinero se ve como un medio para obtener estatus social. Esto puede llevar a una preocupación excesiva por las apariencias, la marca y el exhibicionismo, transmitiendo a los niños la idea de que su valor depende de lo que poseen o de cómo son percibidos por los demás.

El Miedo al Rechazo: Si los padres utilizan el dinero como medio de aprobación, los niños pueden desarrollar un profundo miedo al rechazo relacionado con la estabilidad financiera. Pueden sentir que solo son amados cuando son financieramente prósperos o que deben "comprar" el amor y la aprobación a través de regalos y gastos.

Relación entre la Autoestima y las Finanzas: Crecer en un entorno donde el dinero está estrechamente ligado a la autoestima puede llevar a los niños a desarrollar una percepción distorsionada de su propio valor. Pueden sentirse inadecuados si no alcanzan ciertos objetivos financieros o si no pueden mantener un estilo de vida particular.

Comportamiento de Riesgo Financiero: Debido a la inestabilidad emocional y a la falta de una educación financiera saludable, algunos niños criados en estos contextos pueden convertirse en adultos que adoptan comportamientos financieros riesgosos, como compras impulsivas, acumulación de deudas o inversión en esquemas riesgosos.

Las complejidades de las dinámicas de dinero y poder en familias con padres emocionalmente inmaduros son profundas y ramificadas. Si bien cada familia es única, existen patrones comunes que pueden surgir cuando la inmadurez emocional se entrelaza con cuestiones financieras y decisiones de poder.

El dinero, en su esencia, es una herramienta, un medio de intercambio que facilita las transacciones y representa valor en una sociedad. Sin embargo, en la dinámica de una familia donde prevalecen padres emocionalmente inmaduros, el dinero va mucho más allá de su función básica, convirtiéndose en una herramienta de control, poder, manipulación y, en algunos casos, abuso.

En familias con padres emocionalmente inmaduros, el dinero puede convertirse en el epicentro de muchas tensiones. Puede ser utilizado como un mecanismo para ejercer control, donde el acceso a los fondos está limitado o utilizado como medio para manipular las emociones y los comportamientos. En esta dinámica, los niños pueden crecer viendo el dinero no solo como un recurso, sino como un símbolo de amor, aprobación o incluso como un barómetro de su propio valor intrínseco.

El uso distorsionado del dinero puede tener repercusiones profundas. Por ejemplo, un niño criado en un entorno donde el amor se "compra" a través de regalos o donde la aprobación se gana a través de éxitos materiales puede desarrollar una visión distorsionada de su autoestima. Estas personas pueden comenzar a vincular su propio sentido de identidad y valor a los bienes materiales o al éxito financiero, en lugar de cualidades intrínsecas como la bondad, la compasión o la inteligencia.

Además, cuando un padre emocionalmente inmaduro utiliza el dinero como principal medio de interacción con los hijos, puede privar a estos últimos de la oportunidad de desarrollar habilidades emocionales saludables. En lugar de aprender a comunicarse, comprender y enfrentar sus propias emociones y las de los demás, estos niños aprenden que el dinero es el único lenguaje que cuenta, un lenguaje que puede silenciar fácilmente los conflictos, pero que rara vez resuelve los verdaderos problemas subyacentes. En conclusión, el dinero y el poder, cuando se utilizan de manera distorsionada dentro de la familia, pueden crear un entorno tóxico y distorsionado. Es fundamental reconocer estos patrones y trabajar para interrumpirlos, asegurando que las generaciones futuras puedan tener una visión saludable del dinero, el poder y las relaciones interpersonales. La clave está en la educación, la conciencia y el apoyo, proporcionando a las personas los recursos y las herramientas necesarias para descifrar, comprender y, finalmente, resolver estos complicados enredos de emociones y finanzas.

7. Estrategias de Adaptación: Examina las tácticas que los niños adoptan para hacer frente, como la negación, el aislamiento o la conformidad.

Cuando los niños crecen en un entorno con padres emocionalmente inmaduros, a menudo desarrollan una serie de estrategias de adaptación para navegar en este contexto complicado y a veces perjudicial. Estas estrategias pueden variar según la personalidad del niño, las circunstancias específicas y el grado

de inmadurez emocional de los padres.
Examinemos algunas de estas estrategias:

1. **Negación:** Esta es una de las primeras defensas
   que un niño puede desarrollar. Al negar
   reconocer o aceptar que hay un problema, el niño
   puede sentirse temporalmente seguro. Sin
   embargo, esta táctica a menudo conduce a
   problemas más adelante, cuando el niño podría
   no reconocer situaciones similares o
   problemáticas en otras relaciones.

2. **Aislamiento:** Para evitar conflictos o
   decepciones, algunos niños pueden optar por
   aislarse, minimizando la interacción con el padre
   problemático. Esto puede manifestarse pasando
   mucho tiempo en su habitación, participando en
   actividades solitarias o evitando llevar amigos a
   casa.

3. **Conformidad:** Algunos niños se vuelven
   extremadamente complacientes, tratando de
   complacer al padre emocionalmente inmaduro
   de cualquier manera posible. Intentan ser el
   "niño perfecto", con la esperanza de que esto
   mitigue los comportamientos problemáticos del
   padre.

4. **Asunción del rol de los padres:** Algunos
   niños pueden asumir un rol maduro
   prematuramente, tratando de cuidar de los
   padres o de los hermanos menores. Este "cuidado
   inverso" puede hacer que el niño se sienta

necesario e importante, pero también puede privarlo de su infancia.

5. **Rebelión:** Contrariamente a la conformidad, algunos niños reaccionan rebelándose. Esta rebeldía puede manifestarse como comportamiento desafiante, problemas en la escuela o incluso comportamientos autodestructivos.

6. **Disociación:** En situaciones particularmente traumáticas, algunos niños pueden "desconectarse" emocional o mentalmente de la situación. Pueden parecer ausentes o distantes, como si su mente estuviera en otro lugar. La disociación es un mecanismo de defensa que ayuda a proteger la psique de experiencias y sentimientos insoportables.

7. **Perfeccionismo:** Algunos niños intentan controlar el caos que los rodea convirtiéndose en perfeccionistas. Se esfuerzan por obtener las mejores calificaciones, ser los mejores en deportes u otras actividades, con la esperanza de que el éxito externo compense la inestabilidad emocional en casa.

8. **Desarrollo del sentido del humor:** Algunos niños utilizan el humor como medio de defensa. Hacer chistes o reírse de las situaciones puede ser una forma de aligerar el ambiente y distraer la atención de los problemas.

Estas estrategias de adaptación son formas en que los niños intentan protegerse a sí mismos y crear un sentido de normalidad en situaciones anormales. Sin embargo, es importante notar que, aunque pueden ser útiles a corto plazo, a largo plazo pueden llevar a problemas emocionales, relacionales y de comportamiento. La conciencia de estas estrategias y la comprensión de las raíces de estos comportamientos son esenciales para el proceso de curación y para desarrollar relaciones saludables en la edad adulta.

9. Evitación: En algunos casos, los niños pueden desarrollar una tendencia a la evitación. Esto puede manifestarse como evitar regresar a casa después de la escuela, pasar mucho tiempo con amigos o en actividades extracurriculares. El objetivo suele ser reducir la exposición al entorno doméstico tóxico.

10. Creación de mundos imaginarios: Especialmente en niños más pequeños, una estrategia común para enfrentar situaciones traumáticas es la creación de mundos imaginarios. Estos mundos ofrecen refugio de las duras realidades de sus vidas, permitiéndoles vivir aventuras, tener amigos imaginarios o incluso asumir nuevas identidades.

11. Búsqueda de figuras de referencia externas: Ante la incapacidad de conectarse con un padre emocionalmente inmaduro, algunos niños pueden buscar figuras de referencia alternativas, como maestros, entrenadores, vecinos o miembros de la familia extendida. Estas personas pueden ofrecer el tipo de apoyo, orientación y comprensión que falta en casa.

12. Desarrollo de una fuerte resiliencia: Aunque crezcan en entornos adversos, muchos niños pueden desarrollar una sorprendente resiliencia. Buscan encontrar el lado positivo de las situaciones, aprenden de cada experiencia y tratan de no dejarse vencer por la adversidad.

13. Supresión de las emociones: Para evitar conflictos o traumas adicionales, algunos niños pueden optar por reprimir sus propias emociones. Esto puede significar no mostrar tristeza, enojo o miedo, incluso si estas emociones están claramente presentes bajo la superficie.

14. Hipervigilancia: Otro comportamiento común en niños que crecen en entornos inestables es la hipervigilancia. Están constantemente alerta, buscando signos de peligro o cambios en el estado de ánimo de los padres. Este estado de alerta constante puede ser agotador y llevar a problemas de ansiedad con el tiempo.

15. Adopción de comportamientos autolesionistas: En situaciones extremas, algunos niños pueden comenzar a mostrar comportamientos autolesionistas como una forma de expresar su sufrimiento interno o de intentar ejercer cierto control sobre su dolor.

16. Creación de alianzas familiares: En familias con más de un hijo, podría desarrollarse una dinámica en la que los hermanos forman una alianza para apoyarse mutuamente, ofreciendo consuelo, comprensión y protección recíproca.

17. Deseo de escapar: Muchos niños y adolescentes pueden cultivar sueños de escapar, que pueden manifestarse como fantasías de ser adoptados por otra familia, irse de casa o, en una etapa más avanzada, irse a la universidad o trabajar lo más lejos posible de la familia de origen. Cada niño es único, y las estrategias de adaptación adoptadas pueden variar enormemente según la personalidad del individuo y las circunstancias familiares específicas. Sin embargo, es fundamental reconocer que estas estrategias, aunque a menudo se adoptan para la supervivencia emocional, pueden tener consecuencias a largo plazo en la salud mental y el bienestar del individuo.

18. Imitación de comportamientos: No es raro que los niños imiten los comportamientos de sus padres, incluso si son perjudiciales. Esto puede manifestarse en la aceptación de las mismas creencias o actitudes limitantes, o en la repetición de patrones de comportamiento con la esperanza de obtener aprobación o amor.

19. Reforzamiento positivo selectivo: Algunos niños pueden enfatizar o exagerar los raros momentos positivos con sus padres como un medio para crear un sentido de normalidad. Esto puede llevarlos a recordar solo los momentos "buenos", minimizando o olvidando por completo los episodios negativos.

20. Buscar confirmación externa: Crecer con padres que no ofrecen confirmaciones positivas o apoyo emocional puede llevar a que los niños dependan de la aprobación externa. Esto puede manifestarse como una dependencia de las redes sociales, una fuerte necesidad de reconocimiento en actividades escolares o deportivas, o la búsqueda de relaciones en las que constantemente se sienten necesitados de aprobación.

21. Desarrollo de habilidades de resolución de problemas: Frente a desafíos constantes, algunos niños pueden volverse particularmente hábiles para resolver problemas. Esto puede convertirse en una habilidad valiosa que los ayuda en muchas áreas de la vida, aunque su origen podría estar arraigado en un entorno familiar complicado.

22. Formación de barreras emocionales: Para protegerse del dolor o el rechazo, algunos niños pueden construir muros emocionales, haciendo difícil que otros se acerquen a ellos o comprendan verdaderamente sus sentimientos.

23. Desarrollo de una ética de trabajo obsesiva: Como mecanismo de defensa, algunos niños pueden sumergirse por completo en el trabajo o el estudio, buscando encontrar un sentido de valor y realización fuera del ámbito familiar.

24. Refugio en la espiritualidad o la religión: La búsqueda de consuelo y de una guía superior puede llevar a algunos niños hacia la espiritualidad o la religión. Esto puede proporcionar un sentido de pertenencia y propósito que falta en su entorno familiar. **25.**

Empatía excesiva: Curiosamente, algunos niños pueden desarrollar una alta capacidad empática como resultado de su situación. Al intentar comprender y prever el comportamiento de los padres, estos niños pueden volverse particularmente sensibles a los sentimientos y necesidades de los demás, a menudo a expensas de sus propias necesidades.

26. Rechazo a la intimidad: Habiendo experimentado la inestabilidad y la falta de apoyo emocional en casa, algunos niños pueden crecer rechazando la idea de la intimidad. Pueden ver las relaciones cercanas como peligrosas o impredecibles y, por lo tanto, mantenerlas a distancia. Todas estas estrategias representan los intentos del niño de navegar en un entorno incierto y a menudo doloroso. Si no se reconocen y abordan, muchas de estas tácticas pueden persistir en la edad adulta, influyendo en las relaciones, la carrera y el bienestar en general. La clave para superar estos comportamientos arraigados a menudo es la conciencia, la educación y, en muchos casos, la ayuda profesional.

La capacidad de los niños para desarrollar
estrategias de adaptación en respuesta al entorno
en el que crecen es un testimonio tanto de su
resistencia como de su vulnerabilidad. Las
estrategias de adaptación son esencialmente
mecanismos de defensa, respuestas instintivas o
aprendidas para protegerse del dolor, la
confusión y, a veces, el trauma. Pero aunque
estas estrategias pueden proporcionar alivio
temporal o una sensación de seguridad en
momentos de extrema incertidumbre, también
pueden tener repercusiones negativas.
Dentro del contexto de familias con padres
emocionalmente inmaduros, estas estrategias de
adaptación a menudo sirven como un ancla o
salvavidas. Los niños, al tratar de dar sentido al
comportamiento de sus padres y encontrar
formas de navegar en un entorno a menudo
impredecible, adoptan comportamientos que
creen que les ayudarán a sobrevivir
emocionalmente. Ya sea imitar comportamientos
aprendidos, construir barreras emocionales o
buscar consuelo en actividades externas, el
objetivo principal suele ser el mismo: encontrar
estabilidad en medio del caos.
Sin embargo, la complejidad de estos
mecanismos de adaptación radica en el hecho de
que, si bien pueden ofrecer un tipo de refugio

temporal, también pueden convertirse en trampas a largo plazo. Por ejemplo, un niño que desarrolla una fuerte barrera emocional podría encontrarse, en la adultez, incapaz de establecer relaciones profundas y significativas. Otro que ha adoptado el hábito de buscar constantemente aprobación externa podría convertirse en un adulto con baja autoestima y dependencia de la validación de los demás.

Reconocer y comprender estas estrategias es el primer paso fundamental para abordarlas. Una vez identificadas, las personas pueden comenzar el proceso de curación, que puede incluir terapia, autorreflexión y el desarrollo de hábitos y estrategias de afrontamiento más saludables. El objetivo final, por supuesto, es permitir que aquellos que han crecido en tales circunstancias vivan una vida adulta saludable, equilibrada y satisfactoria, liberándose de las cadenas de sus experiencias infantiles y construyendo un futuro basado en la comprensión, la aceptación y el amor propio.

9. La Revalorización del Yo: Consejos sobre cómo los adultos pueden reconectarse con su verdadero yo y sus pasiones.

Reencontrarse a uno mismo después de haber crecido en un entorno con padres emocionalmente inmaduros puede ser un viaje profundo y transformador. Esta revalorización no es solo una respuesta a la necesidad de sanar, sino también un camino hacia la auto-realización y el equilibrio personal. Aquí tienes algunos enfoques y consejos que los adultos pueden adoptar para reconectar con su verdadero yo y sus pasiones:

1. **Reflexión introspectiva:** Comienza dedicando tiempo a la reflexión. Esto se puede lograr a través de la meditación, escribir un diario o simplemente pasando tiempo a solas. Pregúntate a ti mismo: "¿Quién soy realmente? ¿Cuáles son las cosas que amo hacer? ¿Cuáles son mis pasiones?"

2. **Terapia:** Un terapeuta puede ayudarte a navegar por las complejas emociones y desafíos que surgen de tu infancia y proporcionarte herramientas y estrategias para avanzar.

3. **Define tus valores:** Reflexiona sobre los valores que deseas llevar en tu vida y cómo deseas vivir. Estos valores se convertirán en tu brújula, guiándote en tus decisiones diarias.

4. **Experimenta nuevas actividades:** Prueba diferentes actividades o pasatiempos que siempre hayas deseado explorar. Esto te ayudará a reconectarte contigo mismo y descubrir nuevas pasiones.

5. **Establece límites:** Aprende a establecer límites saludables con las personas en tu vida. Esto te permitirá proteger tu espacio emocional y físico, dándole prioridad a tu bienestar.

6. **Conéctate con la naturaleza:** Dedica tiempo al aire libre. La naturaleza tiene una forma especial de ayudarnos a reconectarnos con nosotros mismos y reflexionar sobre nuestro lugar en el mundo.

7. **Lee y aprende:** Hay muchos libros y recursos disponibles que pueden ayudarte en tu viaje de autodescubrimiento. Búscalos y sumérgete en lecturas que resuenen contigo.

8. **Escribe una carta a tu yo más joven:** Escribir una carta a tu yo infantil o adolescente puede ser un poderoso ejercicio de reflexión y sanación. Expresa apoyo, amor y comprensión por lo que has pasado.

9. **Rodéate de personas positivas:** Crea un entorno social compuesto por individuos que te apoyen, te comprendan y te alienten en tu viaje de autodescubrimiento.

10. **Haz las paces con el pasado:** Perdonar no significa olvidar o justificar el

comportamiento perjudicial, sino liberarte del peso de las viejas heridas.

11. **Planifica y sueña:** Reflexiona sobre lo que deseas para tu futuro y establece objetivos para alcanzarlo. Esto puede incluir viajes, carrera, relaciones o simplemente experiencias personales que deseas vivir.
La revalorización del yo es un viaje que requiere tiempo, paciencia y dedicación. Puede implicar enfrentar viejas heridas y desafíos, pero la recompensa es una conexión más profunda y auténtica contigo mismo, con tus pasiones y con el mundo que te rodea. A través de este proceso, las personas pueden encontrar un sentido de propósito, alegría y realización que quizás nunca supieron que tenían.

12. **Meditación y atención plena:** Practicar la meditación y la atención plena puede ayudar a establecer una conexión más profunda con el presente, facilitando el acceso a tus pensamientos y sentimientos internos. Estas prácticas también pueden ayudarte a alejarte de viejos hábitos y respuestas emocionales condicionadas, creando espacio para nuevas percepciones y comprensiones.

13. **Viajes y exploración:** Ir a lugares nuevos o desconocidos puede ofrecer perspectivas frescas. Estos viajes no necesariamente deben ser a lugares lejanos; incluso explorar un nuevo

parque o vecindario en tu ciudad puede proporcionar nuevas ideas.

14. **Participación en talleres o retiros:** Existen muchas experiencias estructuradas, como talleres o retiros, diseñadas específicamente para ayudar a las personas a reconectarse consigo mismas. Estos pueden variar desde retiros de yoga hasta seminarios de desarrollo personal.

15. **Prácticas artísticas y creativas:** Expresarte a través del arte, ya sea pintura, escritura, danza o música, puede ser una herramienta poderosa de autodescubrimiento. La creatividad puede ayudar a canalizar emociones reprimidas, dándoles forma y expresión.

16. **Hacer un seguimiento de tus sueños:** Los sueños pueden ofrecer profundos conocimientos sobre tu subconsciente. Llevar un diario de sueños puede ayudarte a identificar temas o mensajes recurrentes que podrían darte pistas sobre tu verdadero yo.

17. **Ejercicio físico:** Mover tu cuerpo a través de ejercicios como el yoga, el tai chi o simplemente caminar puede ayudarte a reconectarte contigo mismo a nivel físico, fortaleciendo la conexión mente-cuerpo.

18. **Nutrición consciente:** Prestar atención a lo que pones en tu cuerpo y cómo te hace sentir puede ayudarte a reconectarte contigo mismo. Comer alimentos saludables y equilibrados puede

influir no solo en tu salud física, sino también en tu claridad mental y emocional.

19. **Búsqueda espiritual:** Ya sea que sigas una religión, una filosofía o un camino espiritual personal, explorar cuestiones del alma y el espíritu puede ofrecer conocimientos profundos sobre tu verdadero yo.

20. **Voluntariado:** Ayudar a los demás puede ofrecer una nueva perspectiva sobre ti mismo y el mundo que te rodea. El voluntariado te conecta con personas de diferentes orígenes, exponiéndote a nuevas experiencias y ayudándote a evaluar y reflexionar sobre tu lugar en el mundo.

21. **Establecer tradiciones o rituales personales:** Crear momentos especiales en tu rutina, como leer durante una hora cada mañana, dar un paseo por la tarde o tener un ritual de gratitud, puede ayudarte a reconectarte contigo mismo de manera significativa y consciente.

Lo importante es recordar que la revalorización del yo es un viaje continuo y no un destino final. La vida está en constante evolución, y de la misma manera, nuestra comprensión y conexión con nosotros mismos pueden cambiar y profundizarse con el tiempo. A través de esta exploración continua, no solo podemos aprender más sobre quiénes somos realmente, sino que también podemos crear una vida más rica y satisfactoria.

22. Terapia y Consejería: Muchos adultos que crecieron con padres emocionalmente inmaduros pueden beneficiarse de un apoyo profesional para navegar por sus sentimientos y percepciones. Un terapeuta o consejero puede proporcionar una perspectiva externa y herramientas para abordar el trauma y la ansiedad pasados y para ayudar a establecer nuevos patrones de comportamiento.

23. Grupos de Apoyo: Hay numerosos grupos de apoyo que se centran en ayudar a individuos de familias disfuncionales. Estos grupos ofrecen un entorno seguro para compartir experiencias, obtener comprensión y construir relaciones saludables.

24. Lectura y Educación: Existen muchas recursos literarios que pueden proporcionar información y comprensión sobre las dinámicas familiares tóxicas y cómo superarlas. Leer historias de otros que han vivido experiencias similares puede ofrecer consuelo e inspiración.

25. Escritura: Escribir regularmente en un diario puede ser una poderosa forma de autorreflexión. Poner en palabras tus pensamientos, sentimientos y preocupaciones puede ayudar a procesar las emociones y ver patrones o temas en tu vida.

26. Técnicas de Relajación: Técnicas como la respiración profunda, la visualización guiada o la meditación progresiva pueden ayudar a reducir el estrés y reconectar con tu cuerpo y mente.

27. Comunicación Asertiva: Aprender a comunicarte de manera asertiva en lugar de pasiva o agresiva puede ayudar a establecer límites saludables en las relaciones y expresar tus necesidades y deseos de manera constructiva.

28. Mantente Informado: Mantenerte al día con investigaciones y estudios sobre crecimiento personal, psicología y dinámicas familiares puede ofrecer nuevas perspectivas y métodos para reconectar contigo mismo.

29. Cultivar la Autocompasión: Muchas personas que crecieron en entornos emocionalmente inmaduros tienden a ser críticas consigo mismas. Aprender a tratarte con amabilidad y compasión puede ser fundamental en el proceso de redescubrimiento de uno mismo.

30. Establecer Nuevas Rutinas: Romper viejos hábitos y establecer nuevas rutinas puede ayudar a construir un sentido de estabilidad y a reconectar con tus pasiones y deseos.

31. Experimentar Nuevas Actividades: Probar diferentes actividades o pasatiempos puede ayudar a descubrir nuevos intereses y pasiones, permitiendo reconectar con partes de ti que podrían haber estado dormidas o descuidadas.

La revalorización del yo no es un proceso lineal. Hay altibajos, y puede haber momentos de incertidumbre o confusión. Sin embargo, cada paso adelante, aunque sea pequeño, es un paso hacia una mayor comprensión y aceptación de uno mismo.

La revalorización del yo es un viaje emprendido por muchas personas que han experimentado infancias o adolescencias difíciles, especialmente en presencia de padres emocionalmente inmaduros. Este camino, aunque lleno de desafíos, es también una poderosa oportunidad para fortalecer la identidad, refinar la visión del mundo y construir una vida más auténtica y satisfactoria.

Métodos de introspección: Uno de los aspectos más importantes de la revalorización del yo es la introspección. A través de la meditación, la reflexión personal y la escritura, las personas pueden explorar profundamente sus experiencias pasadas, analizar patrones de comportamiento y identificar áreas de crecimiento.

Impacto de las relaciones: Las relaciones desempeñan un papel crucial en la revalorización del yo. Ya sean amigos de apoyo, terapeutas o figuras mentoras, las personas a nuestro alrededor pueden reflejar, desafiar y respaldar nuestro crecimiento personal. Además, establecer límites saludables en las relaciones es esencial para proteger y nutrir el propio crecimiento.

El poder de la vulnerabilidad: Aceptar y abrazar la propia vulnerabilidad puede llevar a una mayor autenticidad. A través de la aceptación de los propios miedos, inseguridades y heridas, las personas pueden formar conexiones más profundas con los demás y consigo mismas.

Reacercamiento a pasiones olvidadas: Muchos adultos que crecieron con padres emocionalmente inmaduros pueden haber reprimido sus pasiones para adaptarse o protegerse. Redescubrir estas pasiones, ya sea en el arte, el deporte, la escritura u otra área, puede encender la alegría y la curiosidad en la vida de una persona.

El camino hacia la autoaceptación: La revalorización del yo no se limita a comprender quiénes somos, sino también a aceptarnos plenamente, incluyendo defectos e imperfecciones. La autoaceptación puede llevar a una mayor paz interior y a la capacidad de enfrentar desafíos con resiliencia y gracia.

En conclusión, la revalorización del yo después de una infancia con padres emocionalmente inmaduros no es solo un medio para sanar las heridas del pasado, sino también una forma de crear un futuro brillante y auténtico. Aunque el viaje puede ser difícil, está lleno de descubrimientos, crecimiento y transformación. Con el apoyo adecuado, los recursos y la determinación, las personas pueden navegar con éxito este camino, reconectarse con su verdadero yo y construir una vida significativa y satisfactoria.

10.   **Establecer Límites:** Proporcionar herramientas y estrategias para establecer límites saludables con padres emocionalmente inmaduros.

Estableciendo Límites con Padres Emocionalmente Inmaduros

La capacidad de establecer límites saludables es fundamental para cualquiera que desee construir relaciones equilibradas y respetuosas. Para aquellos que crecieron con padres emocionalmente inmaduros, esto podría ser aún más crítico, ya que es posible que nunca hayan aprendido cómo o por qué son necesarios tales límites. Aquí tienes una visión detallada de las estrategias y herramientas para establecer estos límites:

1. **Reconocer la Necesidad de Límites:** En primer lugar, es esencial reconocer y aceptar tu propia necesidad de tener límites. Esto puede requerir algo de introspección y reflexión, especialmente si creciste en un entorno en el que tus necesidades y deseos a menudo eran descuidados o ignorados.

2. **Definir Claramente tus Límites:** Comprende qué te hace sentir incómodo, estresado o vulnerable. Ya sea en temas de conversación, comportamientos físicos o expectativas sobre el tiempo que pasas juntos, es fundamental tener una comprensión clara de lo que es aceptable para ti.

3. **Comunicación Asertiva:** La clave para establecer límites efectivos es comunicarlos de manera clara y asertiva. Esto implica expresar tus necesidades y deseos sin ser agresivo ni pasivo. La comunicación asertiva es directa pero respetuosa.

4. **Usa "Yo" en lugar de "Tú":** Cuando expreses tus preocupaciones o establezcas un límite, utiliza frases como "Me siento..." o "Necesito..." en lugar de señalar con el dedo y decir "Tú siempre...". Esto reduce la probabilidad de poner a la otra persona a la defensiva.

5. **Sé Coherente:** Una vez que hayas establecido límites, es esencial ser coherente al hacer que se respeten. Si cedes cada vez que se ponen a

prueba, es posible que tu determinación no sea tomada en serio en el futuro.

6. **Prepara Consecuencias:** Si tus límites son repetidamente ignorados, es posible que debas implementar consecuencias. Esto podría significar limitar el tiempo que pasas con la persona o tomar descansos en la relación hasta que se respeten tus límites.

7. **Trabajo Interno:** A veces, la dificultad para establecer límites puede derivar de inseguridades personales o traumas pasados. Trabajar con un terapeuta o consejero puede ayudarte a fortalecer tu autoestima y desarrollar la resiliencia necesaria para mantener límites saludables.

8. **Rodearse de Apoyo:** Habla con amigos de confianza, familiares o terapeutas sobre tus límites y tus experiencias. Contar con alguien que te apoye puede ofrecer una perspectiva externa y fortalecer tu determinación.

9. **Practicar el Autocuidado:** Establecer límites puede ser emocionalmente desafiante, especialmente si no se respetan. Asegúrate de tomarte tiempo para ti mismo, relajarte, reflexionar y recargarte.

Conclusión:

Establecer límites con padres emocionalmente inmaduros puede ser un desafío, ya que es posible que no reconozcan o respeten esos límites como lo harían otras personas en tu vida. Sin embargo, con determinación, claridad y apoyo, puedes crear espacios de interacción saludables que protejan tu bienestar emocional y físico. Aunque podría llevar tiempo y paciencia, y es posible que debas reafirmar tus límites varias veces, al final, este esfuerzo puede llevar a relaciones más saludables y respetuosas, permitiéndote vivir una vida más auténtica y satisfactoria.

Consideraciones Adicionales sobre los Límites con Padres Emocionalmente Inmaduros

Establecer límites saludables con padres emocionalmente inmaduros es un viaje que a menudo puede llevar a profundas revelaciones personales y transformación en las dinámicas relacionales. Comprender lo que esto implica puede ayudar en la transición:

Enfrentar la Culpa: Una de las principales barreras para establecer límites es la sensación de culpa. Puede haber una preocupación de que establecer límites pueda herir los sentimientos de los padres o crear tensiones adicionales. Es importante recordar que proteger tu propio bienestar no es un acto de egoísmo, sino más bien una necesidad para garantizar relaciones saludables.

La Naturaleza Dinámica de los Límites:
Los límites no son siempre rígidos o fijos. Pueden cambiar con el tiempo según tus necesidades y circunstancias. Lo que era un límite esencial en un momento dado podría no serlo en otro, y viceversa.

Respuesta de los Padres: Es posible que los padres emocionalmente inmaduros reaccionen de manera negativa cuando intentes establecer límites. Podrían minimizar, ridiculizar o incluso manipular para evitar la responsabilidad. En estos momentos, es vital mantenerse firme y recordar por qué estos límites son necesarios.

Uso de la Terapia: La terapia puede ser un recurso excelente para aquellos que intentan establecer límites con padres difíciles. Un terapeuta puede ofrecer estrategias, apoyo y un entorno seguro para explorar tus preocupaciones y sentimientos.

Apoyarse a través de una Red de Apoyo: Contar con amigos u otros familiares que comprendan y respalden el deseo de establecer límites puede marcar una gran diferencia. Estos aliados pueden brindar consuelo, consejos y, a veces, una perspectiva externa útil.

Los Beneficios del Distanciamiento Emocional: En algunos casos, podría ser beneficioso practicar cierto grado de distanciamiento emocional. Esto no significa dejar de amar o preocuparte por tus padres, sino más bien protegerte a ti mismo de posibles daños emocionales.

Autocompasión: Durante este proceso, es fundamental practicar la autocompasión. Establecer límites, especialmente con figuras parentales, puede llevar a momentos de duda y conflicto interno. Tratarte con amabilidad y comprensión puede ayudarte a navegar estos momentos difíciles.

Reinterpretar el Pasado: Con el establecimiento de límites, pueden surgir antiguos recuerdos o traumas. Esto puede ser una oportunidad para reinterpretar eventos pasados a la luz de tu nueva comprensión y crecimiento.

La Paciencia es Clave: Como muchas otras cosas en la vida, establecer límites es un proceso. Habrá altibajos, éxitos y desafíos. Es importante recordar tener paciencia contigo mismo y con el proceso.

Al intentar establecer límites con padres emocionalmente inmaduros, puedes experimentar una variedad de emociones, desde esperanza y optimismo hasta frustración y desilusión. Sin embargo, con compromiso y apoyo, puedes encontrar un equilibrio que proteja tu bienestar personal y proporcione espacio para relaciones más saludables.

Expectativas hacia Padres Emocionalmente Inmaduros

Cuando se trata de la cuestión de los límites, es esencial evaluar y posiblemente ajustar las expectativas hacia los padres emocionalmente inmaduros. Estos padres pueden tener dificultades para comprender o respetar las necesidades y sentimientos de los demás, lo que hace que negociar límites sea una experiencia potencialmente difícil.

Identificación de tus Propias Necesidades

Antes de establecer límites, es fundamental reconocer e identificar tus propias necesidades. Pregúntate: "¿Qué quiero o qué necesito de esta relación?". Esta reflexión puede ayudarte a delinearte claramente los límites que deseas establecer.

Comunicación Clara y Directa

La claridad en la comunicación es esencial cuando se establecen límites. Esto no significa necesariamente que los padres emocionalmente inmaduros entenderán o aceptarán lo que se comunica, pero ofrece la mejor oportunidad para ser escuchado. Usar un lenguaje de "yo" (por ejemplo, "Me siento abrumado cuando me llamas cinco veces al día") puede reducir las posibilidades de poner a los padres a la defensiva.

Reforzar los Límites

Una vez establecidos los límites, puede ser necesario reforzarlos repetidamente. Esto puede ser especialmente cierto si los padres tienen el hábito de cruzarlos o no están acostumbrados a respetarlos. Ser coherente en el refuerzo puede ayudar a establecer nuevas dinámicas en la relación.

Autoindagación
Mientras trabajas para establecer límites, puede ser útil examinar tus propias reacciones emocionales a los comportamientos de tus padres. Esta autoindagación puede ofrecer ideas sobre las razones subyacentes de tus reacciones y ayudar a formular estrategias más efectivas para establecer y mantener límites.

Evitar las Trampas
Es común que quienes establecen límites se sientan egoístas o malos. Sin embargo, es esencial reconocer que establecer límites es un acto de autoestima y autopreservación. Es un derecho fundamental establecer cómo deseas ser tratado.

Tecnología y Límites
En la era digital, los límites no se limitan solo a las interacciones cara a cara. Establecer límites en línea, como decidir cuándo y cómo responder a mensajes o llamadas, puede ser igual de crucial. Estos límites digitales a menudo se pueden

controlar más fácilmente mediante herramientas tecnológicas como las configuraciones de no molestar, filtros y bloqueos.

Límites y Cultura

En algunas culturas, la idea de establecer límites con los padres puede verse como respetuosa o incomprensible. Es fundamental reconocer la influencia de la cultura en el enfoque de los límites y buscar formas de honrar tu herencia cultural mientras proteges tu propio bienestar.

Flexibilidad

Si bien la coherencia es fundamental, a veces puede ser beneficioso mostrar cierta flexibilidad en los límites. Esta flexibilidad puede ser especialmente importante en situaciones en las que la salud mental o física de los padres está en juego o cuando surgen circunstancias familiares particulares.

En el proceso de establecer límites con padres emocionalmente inmaduros, la clave está en encontrar un equilibrio entre respetar a tus padres y protegerte a ti mismo, por compleja que pueda ser la relación.

Respeto Versus Protección

En el contexto de las relaciones familiares, hay una línea delgada entre respetar a tus padres y protegerte a ti mismo. Crecer con padres emocionalmente inmaduros puede haber llevado a la costumbre de poner de lado tus propias necesidades en favor de las de tus padres. Sin embargo, como adulto, es esencial reconocer tu autonomía y tu derecho a proteger tu propio espacio emocional.

La Importancia de la Terapia

Muchas personas que intentan establecer límites con padres emocionalmente inmaduros pueden encontrar un gran apoyo en la terapia. Un terapeuta puede ofrecer estrategias sobre cómo comunicar eficazmente tus propias necesidades y cómo manejar posibles conflictos que surgen en el proceso. Además, la terapia puede ayudar a desentrañar traumas pasados y proporcionar un contexto para la curación.

Buscar Apoyo Externo

Fuera de la terapia, es valioso buscar apoyo de amigos de confianza, parejas o grupos de apoyo. Estos aliados pueden ofrecer una perspectiva externa, aliento y consejos basados en sus propias experiencias.

El Arte del Distanciamiento

A veces, a pesar de los mejores esfuerzos, los padres emocionalmente inmaduros pueden seguir cruzando los límites establecidos. En estos casos, el arte del distanciamiento puede convertirse en una herramienta crucial. Esto no significa necesariamente cortar todo contacto, sino aprender a interactuar sin involucrarse emocionalmente en dinámicas tóxicas.

Escucha Activa

Cuando se establecen límites, también es importante practicar la escucha activa. Esto significa escuchar realmente lo que tus padres tienen que decir, incluso si no estás de acuerdo. Este enfoque puede ayudar a reducir malentendidos y construir una comunicación más efectiva.

Validación de tus Propios Sentimientos

Un desafío común para quienes intentan establecer límites con padres emocionalmente inmaduros es la tendencia a dudar de sus propios sentimientos o necesidades. Es importante recordar que tus sentimientos son válidos, independientemente de cómo reaccionen tus padres.

Autocuidado

Establecer límites puede ser un proceso emocionalmente desafiante. Por lo tanto, practicar el autocuidado se vuelve esencial. Esto podría significar tomarse tiempo para uno mismo, sumergirse en pasatiempos o actividades que se disfrutan, meditar o cualquier otra práctica que ayude a restaurar el equilibrio y la paz interior.

Reconocimiento de tus Propias Limitaciones

En el proceso de establecer límites, es importante reconocer que no tienes control sobre las reacciones o comportamientos de tus padres. Lo que puedes controlar es cómo reaccionas y cómo eliges establecer y mantener los límites. Aceptar esta realidad puede ayudar a reducir la frustración y la decepción.

Reflexión sobre tu Propio Crecimiento

Finalmente, mientras enfrentas los desafíos que surgen al establecer límites con padres emocionalmente inmaduros, puede ser útil reflexionar sobre cuánto has crecido como individuo. Cada paso, cada conversación y cada límite establecido son signos de crecimiento personal y resiliencia.

Conclusión sobre el Establecimiento de Límites:

Establecer límites con padres emocionalmente inmaduros es un viaje intrincado que encarna tanto el desafío de enfrentar los dolores del pasado como la promesa de construir un futuro más saludable. Cuando una persona decide emprender este camino, está tratando de reescribir un guion de interacción que podría haber estado en marcha durante décadas.

En la vida, los límites son esenciales no solo como mecanismo de defensa, sino como declaración de autoestima y autoconciencia. En el contexto de padres que podrían nunca haber mostrado una consideración adecuada por las necesidades emocionales de su hijo, afirmar estos límites puede parecer una rebelión. Sin embargo, en el corazón de esta "rebelión" hay un profundo deseo de autenticidad, respeto y reconocimiento mutuo.

El camino para establecer estos límites no es lineal. Muchos pueden encontrarse negociando, adaptando o incluso comprometiendo estos límites según las circunstancias. Estas variaciones no son signos de debilidad; por el contrario, son testimonios de la complejidad de las relaciones humanas y de la evolución continua de nuestra relación con nosotros mismos y con los demás.

Un desafío notable en la creación de límites es el potencial sentimiento de culpa u obligación que muchos pueden sentir hacia sus padres, independientemente del pasado. La cultura, la tradición y las normas sociales a menudo pueden exacerbar estos sentimientos, imponiendo expectativas sobre el "deber" de un hijo hacia sus padres. Pero es esencial reconocer que el primer deber de un individuo es hacia sí mismo y su propio bienestar.

Con el tiempo, y a menudo con el apoyo de terapia o asesoramiento, una persona puede llegar a ver estos límites no como barreras, sino como puentes hacia un tipo de relación más saludable y equilibrada. En última instancia, establecer límites no es un acto de separación, sino una aspiración hacia la claridad, la comprensión y la armonía. A través de este proceso, se reafirma la propia identidad, se valora el propio valor intrínseco y se construye una base sólida para relaciones futuras basadas en el respeto mutuo y el cuidado genuino.

Gestión de la Ira y el Resentimiento

La ira y el resentimiento son reacciones emocionales naturales que pueden surgir al reflexionar sobre el pasado, especialmente en presencia de padres emocionalmente inmaduros. Estos sentimientos, si no se manejan adecuadamente, pueden llevar a un ciclo de negatividad que afecta adversamente el bienestar general y las relaciones interpersonales.

Reconocimiento de los Sentimientos

El primer paso en la gestión de la ira y el resentimiento es reconocerlos. Ignorar o reprimir estos sentimientos puede llevar a la acumulación de emociones negativas que pueden explotar de formas inesperadas. Aceptar que es normal sentirse enojado o resentido permite comenzar el proceso de procesamiento.

Expresión Saludable de la Ira

Expresar la ira de manera saludable puede prevenir la acumulación de tensiones. Esto puede incluir técnicas como escribir un diario, practicar deportes o artes marciales, o hablar con un amigo de confianza o un terapeuta.

Técnicas de Relajación

Prácticas como la meditación, el yoga y la respiración profunda pueden ayudar a calmar la mente y reducir la ira. Estas técnicas ayudan a traer conciencia al momento presente, desviando la atención de pensamientos negativos.

Terapia y Asesoramiento

Hablar con un terapeuta o consejero puede ofrecer una perspectiva externa y herramientas específicas para manejar y procesar la ira y el resentimiento. Este tipo de apoyo puede ayudar a comprender mejor las raíces de los sentimientos y encontrar formas efectivas de abordarlos.

Reevaluación de las Expectativas

A menudo, la ira y el resentimiento pueden surgir de expectativas no cumplidas. Reevaluar estas expectativas y aceptar que todos, incluidos los padres, son humanos y tienen límites, puede ayudar a liberar el peso de expectativas poco realistas.

Perdón como Liberación

El perdón no significa olvidar o justificar el comportamiento dañino. Más bien, es un acto de liberación personal del peso de la ira y el resentimiento. El perdón puede llevar tiempo y puede no ser apropiado en todas las situaciones, pero puede ofrecer un profundo sentido de paz y liberación.

Limitar la Exposición

Si interactuar con padres emocionalmente inmaduros sigue provocando sentimientos de ira o resentimiento, puede ser útil limitar la exposición a estas interacciones. Establecer límites saludables puede ayudar en este proceso.

Conclusión

Manejar la ira y el resentimiento es un viaje que requiere compromiso, conciencia y a menudo apoyo externo. Es esencial recordar que estos sentimientos son válidos y merecen ser tratados con cuidado y consideración. A través de la autoconciencia, la reflexión y la práctica, es posible encontrar formas de procesar estas emociones de manera saludable, creando un espacio para la curación, el crecimiento y relaciones más saludables en el futuro.

Gestión de la Ira y el Resentimiento:

Algunos podrían argumentar que la ira y el resentimiento, si se gestionan adecuadamente, pueden proporcionar valiosas perspectivas. Estos sentimientos podrían señalar dónde ha habido heridas y dónde podría ser necesario un mayor crecimiento o comprensión. También pueden servir como catalizadores para el cambio y la autorrealización.

Métodos Creativos para Procesar la Ira:

- *El arte como liberación:* Pintar, dibujar o modelar puede ayudar a transferir las emociones intensas a un lienzo o una pieza de arcilla. Transformar la energía de la ira en una obra de arte puede ser una manera efectiva de ver la propia ira desde una nueva perspectiva y procesarla.
- *Música y la ira:* Escuchar, escribir o tocar música puede ser otra forma de expresar y procesar la ira. La música tiene el poder de llegar a las partes más profundas del alma y resonar con nuestras emociones más internas.

Reevaluación de Nuestra Historia:

- *Narración de la historia:* Volver a examinar los eventos del pasado y reescribir la propia historia puede ser una forma poderosa de reconfigurar el significado de ciertas experiencias. Esto no significa negar o minimizar el trauma, sino más bien buscar un nuevo significado o una nueva perspectiva sobre los eventos.

Técnicas de Reflexión Intropectiva:

- *Meditación metta (de amor y bondad):* Esta forma de meditación tiene como objetivo cultivar sentimientos de amor y compasión hacia uno mismo y hacia los demás. Puede ayudar a neutralizar el resentimiento y la ira, reemplazándolos con comprensión y empatía.

- *Diario:* Mantener un diario de las propias emociones puede ofrecer ideas sobre lo que desencadena la ira. Escribir también puede ayudar a liberar estas emociones de manera constructiva.

Técnicas Cognitivas:

- *Distorsiones cognitivas:* Reconocer y desafiar las distorsiones cognitivas puede ayudar a ver las situaciones desde una perspectiva más objetiva. Por ejemplo, reconocer cuando se está generalizando una situación o tomando las cosas demasiado personalmente puede ayudar a reducir la ira.

- *Abordar las expectativas irrealistas:* Reconocer cuando se espera demasiado de uno mismo o de los demás y ajustar esas expectativas puede ayudar a reducir la frustración y la ira.

- *Comunicación no violenta:* Esta técnica se centra en comprender y expresar las propias necesidades de manera constructiva, sin atacar o culpar a los demás.

- *Practicar la gratitud:* Incluso en medio de la ira, encontrar momentos o aspectos de la vida por los cuales se siente gratitud puede ayudar a equilibrar las emociones negativas y ofrecer una perspectiva más equilibrada.

En resumen, reconocer y aceptar la ira y el resentimiento como parte del repertorio emocional humano es el primer paso. Sin embargo, también es crucial encontrar métodos saludables y constructivos para expresar y procesar estos sentimientos, evitando que tomen el control y afecten negativamente nuestra vida cotidiana.

Gestión de la Ira y el Resentimiento:

La ira y el resentimiento, especialmente cuando están relacionados con traumas o experiencias infantiles, son emociones complejas y poderosas que pueden influir profundamente en nuestra psicología y relaciones. Crecer en un entorno con padres emocionalmente inmaduros puede significar que estas emociones a menudo se han reprimido, malinterpretado o canalizado de manera poco saludable.

El Impacto Físico de la Ira y el Resentimiento:

Nuestro cuerpo reacciona físicamente a estos sentimientos. Puede aumentar la frecuencia cardíaca, la presión arterial y los niveles de adrenalina. A largo plazo, si no se gestionan adecuadamente, estos estados pueden llevar a problemas de salud como enfermedades cardíacas, problemas en el sistema inmunológico e insomnio.

Conectar con Nuestras Emociones:
Antes de poder gestionar la ira de manera
efectiva, es importante reconocerla. Esto podría
requerir una inmersión profunda en las
emociones y una reflexión sobre lo que realmente
se siente. Las prácticas de atención plena, como
la meditación, pueden ayudar a ser más
conscientes de las propias reacciones
emocionales.

Los Efectos de Experiencias Pasadas:
Las personas criadas con padres emocionalmente
inmaduros pueden haber desarrollado un sentido
de ira reprimida debido a las necesidades
descuidadas o los límites violados durante la
infancia. Esta ira reprimida puede manifestarse
de diversas maneras, como comportamientos
pasivo-agresivos, explosiones de ira o
autodestrucción.

Técnicas de Respiración y Anclaje:
Cuando se experimenta la ira, volver al momento
presente puede ayudar a manejarla. Técnicas
como la respiración profunda o ejercicios de
anclaje, como centrarse en los propios sentidos o
sostener un objeto, pueden ayudar a traer la
mente de vuelta al momento presente y alejarla
de la fuente de la ira.

Buscar Apoyo Externo:
A veces, enfrentar la ira y el resentimiento,
especialmente si están arraigados en traumas

profundos, puede requerir la ayuda de un profesional. Un terapeuta o consejero puede ofrecer herramientas y técnicas específicas para procesar estas emociones y encontrar caminos hacia la curación.

Afrontar los Desencadenantes de la Ira:
Identificar lo que desencadena la ira puede ser un paso fundamental en su gestión. Una vez identificados estos desencadenantes, es posible trabajar para evitar esas situaciones o desarrollar estrategias para enfrentarlas de manera más saludable.

Aprender a Responder en Lugar de Reaccionar:
Un concepto fundamental en la gestión de la ira es la capacidad de responder en lugar de reaccionar impulsivamente. Esto significa tomar un momento para reflexionar sobre la situación y decidir conscientemente cómo actuar, en lugar de permitir que la reacción automática tome el control.

La ira y el resentimiento son emociones naturales, pero la clave está en aprender a manejarlas para que no dominen nuestra vida o nuestras relaciones. A través de la conciencia, la comprensión y la adopción de estrategias efectivas, es posible vivir una vida más equilibrada y pacífica.

Conclusión sobre la Gestión de la Ira y el Resentimiento:

La gestión de la ira y el resentimiento no se trata solo de controlar inmediatamente las emociones; es un viaje profundo de auto comprensión, aceptación y transformación. Estos sentimientos, cuando se arraigan en experiencias de la infancia con padres emocionalmente inmaduros, traen consigo capas complejas de dolor, desilusiones y expectativas no cumplidas.

En la vida adulta, estos sentimientos pueden manifestarse de muchas maneras: a través de problemas de relación, dificultades en la interacción social, problemas laborales e incluso problemas de salud. Lo que a menudo comienza como una reacción relacionada con la infancia puede convertirse fácilmente en un patrón de comportamiento arraigado que afecta todas las áreas de la vida.

Los adultos que experimentan estos sentimientos a menudo tienen dificultades para identificarlos como relacionados con sus experiencias pasadas. Pueden percibir su ira como una reacción a circunstancias actuales, ignorando la profundidad histórica de esas emociones. La capacidad de conectarse con estas raíces puede ofrecer iluminación y comprensión, proporcionando una base para una gestión y curación más efectivas.

Es importante reconocer también que cada individuo tendrá su propia reacción única y relación con la ira y el resentimiento. Mientras que algunos pueden manifestar estos sentimientos externamente, otros pueden reprimir estas emociones, lo que conduce a problemas internos como la ansiedad o la depresión.

La clave para manejar eficazmente estos sentimientos radica en una combinación de introspección, herramientas prácticas y, en muchos casos, apoyo externo. La terapia puede proporcionar un entorno seguro para explorar estos sentimientos, mientras que las técnicas como la meditación y la atención plena pueden ofrecer herramientas diarias para manejar y moderar las reacciones.

Finalmente, es esencial recordar que, aunque la ira y el resentimiento a menudo se ven negativamente, también son indicadores de nuestra necesidad interna de reconocimiento, comprensión y cambio. Con el apoyo adecuado y las herramientas apropiadas, estos sentimientos pueden convertirse en catalizadores para un profundo crecimiento personal y transformación.

Reconstrucción de Relaciones con Padres Emocionalmente Inmaduros:

Iniciar el proceso de reconstrucción o renegociación de relaciones con padres emocionalmente inmaduros puede ser una de las tareas más desafiantes pero también gratificantes. Requiere una profunda introspección, comprensión y, a veces, la capacidad de dejar de lado el propio ego en beneficio de la relación. Aquí tienes algunas pautas para navegar por este proceso:

1. **Auto Comprensión y Preparación Emocional:** Antes de intentar reconstruir una relación, es esencial tener una comprensión clara de tus propios sentimientos, expectativas y límites. A través de la terapia, la meditación u otras formas de introspección, puedes llegar a comprender tus propias heridas y lo que deseas lograr mediante la renegociación de la relación.

2. **Comunicación Efectiva:** Hablar con padres emocionalmente inmaduros a menudo requiere un tipo de comunicación diferente. El uso de la comunicación no violenta, que enfatiza la expresión de tus propios sentimientos y necesidades sin atribuir culpas, puede ser particularmente efectivo.

3. **Establecer Límites Claros:** Decidir de antemano cuáles son tus límites y comunicarlos claramente es fundamental. Esto puede incluir cuánto tiempo estás dispuesto(a) a pasar con tus

padres, qué temas estás dispuesto(a) a discutir y cómo deseas ser tratado(a).

4. **Dejar Ir las Expectativas:** Aunque esperas que tus padres cambien o evolucionen, aferrarte rígidamente a esta expectativa puede llevar a más desilusiones. Reconocer que pueden no cambiar y decidir cómo deseas manejar la relación en función de eso es crucial.

5. **Recurrir a la Mediación o Terapia Familiar:** En algunos casos, puede ser útil contar con un tercero imparcial para facilitar la comunicación y ayudar en la renegociación de la relación.

6. **Autoprotección:** Mientras intentas renegociar o reconstruir una relación, es fundamental asegurarte de proteger tu salud mental y emocional. Esto puede significar limitar el tiempo que pasas con tus padres, buscar apoyo externo o tomar descansos cuando sea necesario.

7. **Practicar el Perdón:** El perdón no necesariamente implica reconciliarse o olvidar. Puede significar simplemente soltar el peso del resentimiento por tu propio bienestar. Esto puede llevar tiempo y puede que no suceda de inmediato, pero es un paso crucial en el proceso de curación.

8. **Reconocer los Pequeños Avances:** La reconstrucción de relaciones es un proceso y habrá altibajos. Celebrar los pequeños progresos

puede ayudarte a mantener una perspectiva positiva y reconocer el crecimiento personal que está ocurriendo.

En resumen, reconstruir o renegociar una relación con padres emocionalmente inmaduros puede ser un viaje largo y complicado. Sin embargo, con la preparación adecuada, las herramientas y el apoyo, es posible encontrar una nueva dinámica que honre tanto tus necesidades como las de tus padres. Si bien cada situación es única, el enfoque con compasión, comprensión y claridad puede ofrecer la mejor oportunidad para una relación renovada y saludable.

Reconstruir o Renegociar una Relación con Padres Emocionalmente Inmaduros: puede a menudo sentirse como caminar sobre terreno inestable. **La dinámica familiar** puede estar arraigada en años, si no en décadas, de patrones de comportamiento y expectativas. Aquí hay **consideraciones adicionales** sobre el tema:

Emociones Mixtas: Puede ser común experimentar una **gama de emociones** al interactuar con padres emocionalmente inmaduros. Puede haber amor, pero también enojo, tristeza, confusión y a veces esperanza. **Reconocer y aceptar que se puede amar a alguien pero no necesariamente amar su**

comportamiento es un paso fundamental en el proceso.

Memoria y Percepción: Tus **recuerdos de la infancia** y las **percepciones actuales** podrían diferir de las de tus padres. Puede haber inexactitudes en su percepción de eventos pasados o en tus expectativas. **Comprender estas diferencias de percepción** puede ayudar en la comunicación y la comprensión mutua.

La Importancia de la Escucha Activa: Cuando te acercas a padres emocionalmente inmaduros, **escuchar puede convertirse en una herramienta crucial**. Escuchar activamente, es decir, concentrarse completamente en lo que la otra persona está diciendo, puede ayudar a comprender mejor su perspectiva y construir puentes de comprensión.

Autenticidad versus Protección: Aunque es fundamental **mantenerse auténtico en tus propios sentimientos y necesidades**, también puede ser necesario protegerse de más daño emocional. Esto puede significar **no compartir cada detalle de tus sentimientos o experiencias**, especialmente si crees que podrían ser minimizados o ridiculizados.

Reconstrucción Incremental: Reconstruir una relación no significa necesariamente volver a una completa intimidad o apertura de inmediato. **Puede comenzar con pequeños gestos o conversaciones**, construyendo lentamente la confianza con el tiempo.

La Dificultad de la Vulnerabilidad: Ser vulnerable, especialmente con quienes te han herido en el pasado, puede ser extremadamente difícil. Sin embargo, la vulnerabilidad también puede **abrir la puerta a una conexión más profunda y significativa**. Evalúa cuidadosamente cuándo y cómo mostrar tu vulnerabilidad, asegurándote de que sea en un entorno seguro y de apoyo.

Expectativas Futuras: Mientras trabajas en la reconstrucción de una relación, también puede ser útil **imaginar cómo deseas que sea la relación en el futuro**. Esto puede ayudar a guiar las acciones y decisiones a medida que navegas por el proceso.

Reconociendo los Desafíos que pueden surgir al intentar reconstruir una relación con padres emocionalmente inmaduros es fundamental. Cada paso adelante, incluso si es pequeño, es un paso en la dirección correcta. Y aunque el camino puede estar lleno de dificultades, las recompensas de una relación renovada y mejorada pueden ser incalculables.

El Rol de la Terapia Familiar: La terapia familiar puede ofrecer **un espacio neutral y**

profesional donde padres e hijos pueden explorar las dinámicas de relación problemáticas. Un terapeuta calificado puede ayudar a **mediar las conversaciones**, ofrecer ideas y herramientas para mejorar la comunicación y resolver conflictos.

Definición de Límites de Tiempo: Puede haber momentos en los que necesites tomar **un descanso en tu interacción con tus padres** para proteger tu salud mental y emocional. **Definir un período de "descanso"** puede darle a ambas partes tiempo para reflexionar y recuperarse.

Respeto Mutuo: Aunque puedas sentirte herido por los comportamientos de tus padres, **reconocer y respetar su individualidad y sus experiencias de vida** puede abrir el camino a una mayor empatía de ambas partes. Esto no significa justificar comportamientos tóxicos, sino tratar de comprender de dónde vienen.

Establecer Prioridades Relacionales: Identifica qué aspectos de la relación son más importantes para ti. Puedes decidir que deseas trabajar primero en la confianza, la comunicación o la intimidad. **Tener prioridades claras** puede ayudar a guiar el camino de la reconstrucción.

Responsabilidad de tus Propias Acciones:
Si te encuentras en una posición en la que sientes
que puedes hacerlo, podría ser útil **asumir la
responsabilidad de tus propias acciones o
palabras** que puedan haber contribuido a los
conflictos. Esto puede enviar una señal a tus
padres de que estás comprometido en hacer
cambios positivos en la relación.

Celebra los Pequeños Éxitos: Reconstruir
una relación **requiere tiempo y paciencia**.
Cada pequeño éxito, como una conversación
productiva o un gesto de afecto mutuo, merece
ser reconocido y celebrado.

Reconocer el Poder del Perdón: El perdón
no significa olvidar o minimizar las heridas del
pasado. En cambio, significa liberarse del peso de
esos recuerdos y emociones para poder avanzar.
**Evalúa si estás listo para perdonar y qué
significaría eso para ti.**

Creación de Nuevas Tradiciones: Una vez
que la relación comience a estabilizarse, puedes
considerar **la idea de crear nuevas
tradiciones con tus padres**. Esto puede
ayudar a reemplazar viejos recuerdos dolorosos
con nuevos momentos positivos.

Flexibilidad en el Proceso: Cada relación es
única, y lo que funciona para una persona podría
no funcionar para otra. **Ser flexible en tu
enfoque para la reconstrucción de la**

**relación y estar dispuesto a probar
diferentes estrategias** puede ser fundamental.
Recursos Externos y Apoyo: No subestimes
el poder del apoyo externo. Grupos de apoyo,
libros, seminarios y cursos pueden ofrecer
herramientas valiosas y perspectivas diversas
sobre cómo navegar por estas aguas complejas.

**La Reconstrucción de Relaciones,
especialmente aquellas con raíces tan
profundas y complejas como las entre
padres e hijos, no es una tarea fácil.** Es un
viaje intrincado, impregnado de emociones que
van desde la esperanza hasta la decepción, desde
la ira hasta la aceptación. Pero la razón por la
cual muchas personas eligen emprender este
camino es la convicción intrínseca de que, más
allá de las heridas del pasado, existe una
conexión auténtica que merece ser salvada y
nutrida.

**El primer paso en este viaje de
reconstrucción es la comprensión.**
Comprender que las acciones y comportamientos
de los padres emocionalmente inmaduros a
menudo son el resultado de sus propias heridas
no resueltas y conflictos internos. Esta
comprensión no justifica sus comportamientos
dañinos, pero puede ayudar a enmarcar la

situación de manera diferente, ofreciendo una base de empatía desde la cual comenzar.

Asumir la responsabilidad de las propias acciones es esencial, pero debe equilibrarse con la expectativa de que la otra parte también lo haga. Sin reciprocidad en este proceso, la reconstrucción podría no ser sostenible a largo plazo. Cada pequeño éxito en el camino debe verse como una señal de que el trabajo duro está dando sus frutos. Pero también es esencial prepararse para posibles contratiempos. Las relaciones son dinámicas y pueden tener altibajos.

El perdón emerge como uno de los aspectos más desafiantes pero también más liberadores del proceso. Perdonar no significa olvidar, ni significa aceptar comportamientos futuros similares. Más bien, significa liberarse del peso del resentimiento y abrir espacio para la curación. Y mientras el perdón es un regalo que uno se hace a sí mismo, establecer límites saludables asegura que se pueda avanzar sin comprometer el propio bienestar.

Construir nuevas tradiciones y crear nuevos recuerdos positivos puede transformar una relación tensa en una fuente de alegría y satisfacción. Esto no elimina los desafíos del pasado, pero ayuda a equilibrarlos con experiencias positivas, creando un futuro más brillante y equilibrado para ambas partes. **Finalmente, no se puede enfatizar lo suficiente la importancia del apoyo externo.** Ya sea terapia, grupos de apoyo o simplemente amigos de confianza, tener una red de apoyo puede marcar la diferencia entre sentirse solo en este viaje y sentirse respaldado y comprendido.

En conclusión, reconstruir una relación con padres emocionalmente inmaduros es un camino difícil pero potencialmente gratificante. Requiere tiempo, paciencia, comprensión y, sobre todo, la voluntad de ambas partes de comprometerse con el proceso. Con los recursos adecuados y la mentalidad correcta, es posible encontrar un término medio y construir una conexión más profunda y significativa.

12. **Apoyo Terapéutico: Promoviendo la Importancia de la Terapia y Cómo Puede Ayudar en la Sanación.**

La terapia es un proceso colaborativo entre un individuo y un profesional calificado con el objetivo de abordar y resolver problemas emocionales, psicológicos o de comportamiento. Para aquellos que han enfrentado desafíos relacionados con haber sido criados por padres emocionalmente inmaduros, el apoyo terapéutico puede ofrecer numerosos beneficios en el camino hacia la sanación.

1. **Ambiente Seguro:** La terapia proporciona un entorno seguro y confidencial donde el individuo puede expresar libremente sus sentimientos, miedos y preocupaciones sin temor a ser juzgado o malentendido.

2. **Comprensión Profunda:** A través de la terapia, las personas pueden obtener una comprensión más profunda de las raíces de sus problemas. Con la ayuda de un terapeuta, pueden examinar las dinámicas familiares e identificar patrones de comportamiento heredados.

3. **Herramientas y Estrategias:** Un terapeuta puede proporcionar herramientas y estrategias para abordar problemas emocionales o de comportamiento específicos. Esto puede incluir técnicas de manejo del estrés, formas de establecer límites saludables o estrategias para mejorar las habilidades de comunicación.

4. **Validación:** Para muchas personas, sentirse vistas y comprendidas es fundamental para la sanación. Un terapeuta puede ofrecer una validación significativa de las experiencias del individuo, ayudando a reafirmar su realidad.

5. **Proceso de Sanación:** La terapia no ofrece soluciones rápidas, pero puede guiar a las

personas a través de un proceso estructurado de introspección, confrontación y resolución. Este camino puede ayudar a superar traumas pasados y construir una base para un futuro más saludable y satisfactorio.

6. **Apoyo en la Confrontación:** Para aquellos que eligen confrontar a sus padres u otras figuras significativas, un terapeuta puede ofrecer apoyo, preparación y acompañamiento en el proceso.

7. **Exploración del Ser:** Además de investigar las heridas del pasado, la terapia también puede ofrecer la oportunidad de explorar el yo, aspiraciones, valores y deseos, permitiendo un crecimiento personal y una mayor autoconciencia.

8. **Red de Apoyo:** Muchas veces, un terapeuta puede recomendar grupos de apoyo u otras recursos que pueden ayudar en el camino hacia la sanación. Estos grupos pueden ofrecer un sentido de comunidad y la conciencia de que no se está solo en la propia experiencia.

En conclusión, el apoyo terapéutico es un componente esencial para muchos en su camino hacia la sanación de traumas relacionados con haber sido criados por padres emocionalmente inmaduros. Ofrece una combinación de escucha profesional, conocimientos, herramientas prácticas y un entorno seguro y sostenible para navegar por el complejo territorio de las heridas emocionales y emprender un viaje hacia el bienestar. Cada individuo es único, y la terapia puede personalizarse para satisfacer las necesidades y circunstancias específicas de cada uno.

Tipos de Terapias y Sus Beneficios:

Las diferentes formas de terapia ofrecen una amplia gama de enfoques y metodologías para abordar problemas relacionados con la infancia con padres emocionalmente inmaduros.

1. **Terapia Cognitivo-Conductual (TCC):** Se enfoca en cómo los pensamientos influyen en los comportamientos y las emociones. Es particularmente eficaz para abordar patrones de pensamiento negativos o distorsionados.

2. **Terapia Psicodinámica:** Se basa en la idea de que las experiencias infantiles influyen en la personalidad y el comportamiento del adulto. Explora cómo los traumas o relaciones pasadas afectan las relaciones y el comportamiento actuales.

3. **Terapia Centrada en la Persona:** Se centra en crear un entorno de aceptación y comprensión, permitiendo al individuo explorar sus sentimientos en un espacio seguro.

4. **Terapia Familiar:** Puede ser útil para adultos que desean abordar las dinámicas familiares con sus padres u otros miembros de la familia.

5. **Terapia de Arte:** El arte puede servir como vehículo para expresar emociones y traumas que pueden ser difíciles de verbalizar.

6. **Terapia Corporal:** Dado que el trauma puede almacenarse en el cuerpo, las técnicas como la danzaterapia o la terapia a través del movimiento pueden ser útiles para liberar emociones bloqueadas.

7. **Mindfulness y Terapias basadas en la Conciencia:** Estas prácticas ayudan a las personas a conectarse con el presente, reducir la ansiedad y aumentar la conciencia de los patrones de pensamiento y reacción.

8. **Grupos de Apoyo:** Aunque no son una forma de terapia formal, los grupos de apoyo ofrecen un entorno donde las personas pueden compartir sus experiencias y encontrar solidaridad con otros que han tenido experiencias similares. Cada individuo tiene necesidades únicas, y lo que funciona para una persona puede no funcionar para otra. Puede ser necesario probar diferentes tipos de terapia o combinar varios enfoques para encontrar lo que sea más efectivo. Sin embargo, el factor común en cada forma de terapia es la oportunidad de explorar y procesar las emociones en un espacio seguro y sostenible. La clave es encontrar un terapeuta o enfoque con el que uno se sienta cómodo y que responda a las necesidades específicas del individuo.

La Terapia como Herramienta de Empoderamiento y Autoentendimiento:

Muchos adultos que han tenido padres emocionalmente inmaduros pueden haber desarrollado una serie de mecanismos de defensa y estrategias de afrontamiento que, aunque fueron útiles durante la infancia, pueden convertirse en obstáculos en la vida adulta. La terapia puede servir como un espacio donde estos mecanismos pueden ser reconocidos, comprendidos y reconfigurados.

Reconstrucción de la Autoestima: Uno de los daños más graves causados por haber sido criados por padres emocionalmente inmaduros es una baja autoestima. Muchos pueden sentirse como si no fueran "suficientemente buenos" o podrían luchar con un sentido pervasivo de vergüenza. La terapia puede ayudar a erradicar estas creencias erróneas y construir un sentido de valía y autoestima.

Proceso de Sanación del Trauma: No todos aquellos que tienen padres emocionalmente inmaduros experimentan trauma en el sentido tradicional, pero muchos han vivido episodios traumáticos o estrés prolongado. La terapia puede proporcionar herramientas y recursos para abordar y sanar estas experiencias traumáticas.

Técnicas de Relajación y Reducción del Estrés: La terapia también puede proporcionar una serie de técnicas para manejar el estrés, como la respiración profunda, la meditación o la visualización guiada. Estas técnicas pueden ser especialmente útiles para aquellos que han desarrollado respuestas ansiosas o hiperactivas como resultado de sus experiencias infantiles.

Reconstrucción del Relato Personal: La historia que contamos sobre nuestra infancia y nuestra identidad puede tener un impacto profundo en cómo nos vemos a nosotros mismos y cómo nos relacionamos con los demás. La terapia puede ayudar a las personas a reescribir estos relatos de maneras que sean más verdaderas y fortalecedoras.

Estrategias para la Construcción de Relaciones Saludables: Después de vivir con padres emocionalmente inmaduros, puede ser difícil saber qué constituye una relación saludable. A través de la terapia, las personas pueden aprender qué significa tener una relación equilibrada y cómo construir vínculos saludables con los demás.

Comprensión del Ciclo Generacional: Es fundamental comprender que, si no se abordan, los patrones de comportamiento pueden pasar de generación en generación. La terapia puede ayudar a las personas a reconocer estos patrones y tomar decisiones conscientes sobre cómo quieren interactuar con sus propios hijos u otros miembros de la familia.

En resumen, mientras que las heridas de la infancia pueden dejar cicatrices profundas, la terapia ofrece un camino hacia la curación y la transformación. No se trata solo de "hablar de tus problemas", sino de utilizar herramientas, recursos e ideas para crear una vida más feliz, saludable y satisfactoria.

Conclusión sobre el Apoyo Terapéutico: La terapia representa un faro en el viaje de autoentendimiento y curación para aquellos que han enfrentado los desafíos de ser criados por padres emocionalmente inmaduros. Esta forma de intervención profesional no se limita a proporcionar un lugar seguro para expresar dolores y traumas, sino que ofrece herramientas aplicables de inmediato e ideas transformadoras que pueden cambiar el rumbo de la vida de una persona.

La Importancia de la Personalización: No existe un enfoque terapéutico universal que funcione para todos. Cada individuo lleva consigo una historia única, por lo que es esencial que el terapeuta adapte su enfoque a las necesidades específicas del paciente. Esta personalización asegura que el tratamiento sea lo más efectivo posible y aborde los desafíos individuales que cada paciente presenta.

El Empoderamiento a través de la Comprensión: Uno de los objetivos fundamentales de la terapia es permitir que la persona comprenda las raíces de sus comportamientos, emociones y patrones de pensamiento. Esta comprensión puede proporcionar una sensación de control, ya que la persona comienza a reconocer que no está "defectuosa", sino que sus reacciones y comportamientos a menudo son el resultado de experiencias pasadas.

La Terapia como Compromiso a Largo Plazo: Mientras que algunas personas pueden beneficiarse de unas pocas sesiones de terapia, muchas descubren que la curación profunda lleva tiempo. El camino terapéutico no es lineal, y puede haber altibajos en el progreso. Es esencial reconocer que la persistencia en el proceso puede llevar a una transformación duradera.

El Poder de la Conexión: Más allá de las técnicas y herramientas específicas, uno de los aspectos más curativos de la terapia es la relación misma entre terapeuta y paciente. Sentirse visto, escuchado y comprendido puede ser increíblemente poderoso, especialmente para aquellos que no tuvieron estas experiencias durante la infancia.

En última instancia, la decisión de buscar apoyo terapéutico es un acto de valentía y una inversión en el propio bienestar futuro. Para muchos, representa el primer paso significativo hacia la creación de una vida más rica, satisfactoria y liberada de las cargas del pasado. Como tal, la terapia no debe verse como una señal de debilidad, sino como un reconocimiento de la propia fortaleza y determinación para vivir una vida mejor.

13. Historias de Casos: Compartir ejemplos reales de individuos que han enfrentado y superado los desafíos de tener padres emocionalmente inmaduros.

14.

Historias de Caso: Historia 1: Marco y la búsqueda de autonomía Marco creció en una familia donde su madre solía tomar decisiones por él. Incluso las pequeñas elecciones, como la ropa que debía usar o los amigos con los que salía, a menudo eran decididas por su madre. Cuando Marco se convirtió en adulto, se dio cuenta de que tenía dificultades para tomar decisiones autónomas y confiar en su propio juicio. A través de la terapia, aprendió a reconocer y desafiar estos patrones aprendidos y gradualmente ganó más independencia en su vida.

Historia 2: Clara y la búsqueda de aceptación Clara creció sintiéndose a menudo rechazada por su padre, un hombre emocionalmente distante. Cada vez que intentaba acercarse o compartir sus sentimientos, él la alejaba o minimizaba sus emociones. De adulta, Clara buscaba constantemente la aprobación y aceptación en sus relaciones. Con la ayuda de la terapia, comenzó a comprender las raíces de este patrón y trabajó para encontrar aceptación y amor propio, reduciendo su dependencia de la aprobación externa.

Historia 3: Paolo y el miedo a expresarse Creció en un entorno donde las emociones rara vez se discutían o validaban, por lo que Paolo aprendió a reprimir sus sentimientos y evitar conflictos. Este patrón influyó en sus relaciones adultas, donde a menudo se encontraba sacrificando sus propias necesidades para mantener la paz. A través de la terapia, Paolo aprendió la importancia de expresar sus sentimientos y necesidades, y desarrolló habilidades de comunicación que le permitieron tener relaciones más equilibradas y satisfactorias.

Historia 4: Silvia y la resiliencia Silvia fue frecuentemente ridiculizada y menospreciada por su madre durante su infancia. Esto la llevó a desarrollar una baja autoestima y desconfianza en los demás. Sin embargo, también cultivó una gran resiliencia. De adulta, buscó apoyo terapéutico y descubrió la fortaleza interior que había construido como mecanismo de defensa. Utilizó esta resiliencia para enfrentar sus traumas pasados y construir una vida feliz y realizada.

Estos ejemplos ilustran cómo, a pesar de los desafíos de tener padres emocionalmente inmaduros, las personas pueden encontrar caminos hacia la curación y la transformación. A través de la conciencia, el apoyo y la determinación, es posible superar los patrones aprendidos y crear una vida de satisfacción y bienestar.

Historia 5: Beatrice y el poder del perdón
Beatrice creció en un entorno donde el silencio hablaba más que las palabras. Su padre, emocionalmente inmaduro, solía evitar el conflicto y pasaba por alto las necesidades emocionales de su hija. Este comportamiento dejó a Beatrice con una profunda sensación de no ser vista ni reconocida. De adulta, llevaba consigo

una ira reprimida y un profundo sentido de injusticia. Sin embargo, a través de reuniones en grupos de apoyo y terapia, aprendió el arte del perdón. No se trataba de justificar el comportamiento de su padre, sino de liberarse del peso de esos dolorosos recuerdos.

Historia 6: Roberto y el aprendizaje de la vulnerabilidad Debido a las críticas frecuentes y los juicios de su padre, Roberto construyó un muro alrededor de sus verdaderos sentimientos, mostrando al mundo exterior solo una máscara de seguridad. Esta defensa, aunque lo protegió durante la infancia, se convirtió en una prisión en su edad adulta. Tenía dificultades para establecer conexiones profundas con los demás y temía la vulnerabilidad. Con la ayuda de un terapeuta experimentado, Roberto gradualmente aprendió a derribar ese muro, descubriendo que mostrar su vulnerabilidad podía conducir a relaciones más profundas y significativas.

Historia 7: Giulia y el redescubrimiento de la autoestima Giulia siempre sintió que no estaba a la altura de las expectativas de su madre, una mujer exigente y a menudo insatisfecha. Esto la llevó a dudar constantemente de sí misma y de sus habilidades. Sin embargo, de adulta, una serie de experiencias positivas en el trabajo y encuentros significativos con amigos cariñosos comenzaron a desafiar esta imagen negativa de sí misma. Giulia emprendió un viaje de autodescubrimiento, reconociendo su propio valor y aprendiendo a nutrir y proteger su autoestima.

Historia 8: Lorenzo y la red de apoyo
Creciendo con padres emocionalmente distantes, Lorenzo siempre se sintió solo. Esta soledad influyó en su juventud y en los primeros años de la adultez, a menudo lo llevaba a aislarse. Sin embargo, una serie de circunstancias lo llevaron a unirse a un grupo de apoyo para personas con historias familiares similares. Esta red de apoyo se convirtió en fundamental para él, brindándole no solo comprensión y compartiendo experiencias, sino también herramientas y recursos para enfrentar y superar las heridas del pasado.
Estas historias destacan la capacidad de resiliencia de los seres humanos, demostrando que, a pesar de una infancia difícil, con los recursos y el apoyo adecuados, es posible encontrar un camino hacia la curación y la reconciliación con el pasado.

Historia 9: Chiara y el arte de la meditación Chiara creció en un entorno caótico, con padres emocionalmente inestables que raramente ofrecían un punto de referencia seguro. De adulta, la ansiedad y el estrés parecían ser sus compañeros constantes. Sin embargo, un día, un amigo la introdujo en la meditación. A través de la práctica diaria, Chiara descubrió un oasis de paz interior que le permitió separarse de las cicatrices de su pasado y vivir en el presente. La meditación se convirtió en su anclaje, permitiéndole navegar a través de los desafíos de la vida con mayor calma y centración.

Historia 10: Fabio y el poder del diario
Para Fabio, escribir siempre fue una actividad placentera, pero nunca consideró usarla como una herramienta de introspección y curación. Creció con padres críticos y a menudo despectivos, lo que le llevó a desarrollar una imagen negativa de sí mismo. Comenzar a escribir un diario se convirtió en una forma de expresar, procesar y finalmente liberar estas emociones reprimidas. Con el tiempo, a través de las páginas de su diario, Fabio logró obtener una comprensión más profunda de sí mismo y construir una visión más equilibrada y compasiva de su historia personal.

Historia 11: Elena y la exploración a través del viaje Elena siempre sintió una abrumadora sensación de estar "atrapada" en su ciudad natal, ligada a los dolorosos recuerdos de una infancia con padres emocionalmente inmaduros. Así que, tan pronto tuvo la oportunidad, decidió emprender un viaje en solitario a través de diferentes países. Cada nuevo lugar, cultura y encuentro se convirtió en un paso en su viaje de autoexploración. Lejos de ser una simple escapada, el viaje se convirtió para Elena en una forma de enfrentarse a sí misma, reconociendo que, a pesar de su pasado, tenía el poder de definir su futuro.

Historia 12: Marco y la conexión con la naturaleza La naturaleza siempre ejerció un atractivo especial en Marco. Creció en un entorno urbano con padres a menudo emocionalmente ausentes, por lo que encontraba consuelo en las raras excursiones al campo o parques. De adulto, decidió mudarse a una zona más rural, rodeándose de la tranquilidad y serenidad de la naturaleza. Este cambio no solo le proporcionó un respiro del ajetreo de la vida en la ciudad, sino que también se convirtió en un poderoso catalizador para su curación emocional. Rodeado de la naturaleza, Marco aprendió la importancia de la liberación, la renovación y la regeneración, conceptos que aplicó también a su vida interior.

Historia 13: Valentina y el arte de la danza Valentina, desde pequeña, siempre sintió un fuerte vínculo con la música, pero nunca tuvo la oportunidad de expresar su amor por ella debido a un entorno familiar estricto y poco comprensivo. De adulta, decidió inscribirse en clases de danza contemporánea. Pronto descubrió que la danza no era solo una forma de mover el cuerpo, sino también un poderoso medio de expresión emocional. A través de los movimientos, Valentina comenzó a liberar viejos traumas y miedos, y a recuperar una conexión consigo misma que había perdido. La danza se convirtió en su válvula de escape, un lugar seguro donde podía expresar libremente sus emociones.

Historia 14: Luca y la terapia con animales
Desde pequeño, Luca siempre tuvo un vínculo especial con los animales. En una infancia marcada por la falta de comprensión y apoyo emocional, los momentos pasados con su perro fueron un refugio seguro para él. De adulto, decidió recurrir a la terapia asistida por animales. La interacción con caballos, perros y otros animales se convirtió en una forma de encontrar una conexión genuina y libre de juicios. Descubrió que, a través del contacto con estos seres, podía derribar muros emocionales y comenzar un proceso de curación auténtica.

Historia 15: Arianna y la cocina como terapia Arianna siempre tuvo una relación complicada con la comida debido a dinámicas familiares. Sin embargo, de adulta, se encontró con un libro de cocina meditativa y decidió experimentar con la preparación de platos de manera consciente. Descubrió que la cocina podía convertirse en una experiencia terapéutica: cada ingrediente, cada paso de la preparación, se convertía en un acto de presencia y cuidado. La cocina se convirtió en un ritual para Arianna, un momento en el que podía expresar creatividad y amor, y redescubrir el genuino placer de alimentarse en todos los sentidos.

Historia 16: Matteo y la escalada Matteo pasó gran parte de su infancia sintiéndose "atrapado", tanto física como emocionalmente, debido a dinámicas familiares. Una vez adulto, un amigo lo introdujo en la escalada. Al principio, escéptico, pronto se dio cuenta de que escalar no era solo una actividad física, sino también un viaje interior. Cada montaña, cada pared, representaba un desafío, una oportunidad para superar miedos y límites. A través de la escalada, Matteo aprendió la importancia de la determinación, la resiliencia y la confianza en sí mismo, recuperando un sentido de libertad que había perdido.

En resumen, las historias de individuos que han enfrentado desafíos derivados de una infancia con padres emocionalmente inmaduros destacan cómo cada persona puede encontrar caminos personalizados y únicos hacia la curación y el redescubrimiento de uno mismo. Aunque la infancia y el entorno familiar desempeñen un papel crucial en la formación del carácter y en el establecimiento de ciertas dinámicas relacionales, la capacidad de resiliencia y renacimiento del ser humano es sorprendentemente poderosa.

Personas como Valentina, Luca, Arianna y Matteo representan ejemplos de las innumerables formas en que los individuos pueden superar heridas pasadas y redescubrir su autenticidad. Cada historia, aunque única, lleva consigo rasgos comunes: la búsqueda de una conexión profunda consigo mismo, el deseo de expresar y liberar emociones reprimidas, y la necesidad de encontrar una válvula de escape o un ancla de salvación en el mundo exterior.

Los métodos de curación varían ampliamente: mientras algunas personas pueden encontrar consuelo y catarsis en el arte y la creatividad, como Valentina y Arianna, otras pueden descubrir la terapia a través del contacto con la naturaleza o con animales, como Luca y Matteo. Estas historias testimonian cómo la curación no tiene una fórmula fija, sino que se adapta a las necesidades y deseos de cada individuo.

Es importante también destacar cómo, a pesar de las dificultades y traumas experimentados, muchas personas logran convertir su dolor en fortaleza. Las lecciones aprendidas de los desafíos enfrentados pueden convertirse en poderosas herramientas de crecimiento personal, permitiendo a los individuos vivir vidas plenas, auténticas y significativas.

Finalmente, es fundamental reconocer la importancia del entorno y las personas que rodean al individuo durante su proceso de curación. Amigos, terapeutas, mentores o incluso desconocidos que cruzan su camino pueden ofrecer apoyo, comprensión y guiarlos hacia el redescubrimiento de sí mismos. Estas historias son un testimonio del poder del ser humano para regenerarse, reinventarse y encontrar nuevos significados, independientemente de las adversidades enfrentadas en el pasado.

14. Importancia del Autocuidado

El autocuidado no es un concepto superfluo ni un lujo reservado para unos pocos: es una necesidad fundamental para mantener el equilibrio mental, físico y emocional. Así como nos ocupamos de nuestras necesidades físicas al comer, beber agua y dormir, debemos cuidar de nuestras necesidades emocionales y psicológicas.

1. **Escucha tu cuerpo:** A menudo, el cuerpo nos envía señales claras sobre lo que necesita. El cansancio, la irritabilidad y el dolor de cabeza pueden ser síntomas de estrés o necesidades insatisfechas. Dedica tiempo para descansar y recuperarte cuando lo necesites.

2. **Establece límites:** Esto implica reconocer cuándo decir "no" a las demandas de los demás y establecer límites claros para proteger tu tiempo, energía y bienestar.

3. **Conéctate con la naturaleza:** Pasar tiempo al aire libre, caminar en un parque, hacer senderismo o simplemente sentarse bajo un árbol puede tener un efecto calmante y rejuvenecedor.

4. **Practica la atención plena:** La meditación, la respiración consciente y otras técnicas de atención plena pueden ayudarte a mantenerte

anclado en el presente, reduciendo la ansiedad y el estrés.

5. **Ejercicio físico:** La actividad física no solo mantiene el cuerpo en forma, sino que también libera endorfinas, que son sustancias químicas naturales que promueven el bienestar y reducen el estrés.

6. **Exprésate a ti mismo:** Ya sea escribir, pintar, bailar, cocinar o cualquier otra forma de expresión, permítete expresar tu creatividad y emociones.

7. **Conéctate con otros:** La conexión humana es fundamental. Hablar con amigos, compartir momentos con la familia o incluso hacer nuevas amistades puede ayudarte a sentirte apoyado y comprendido.

8. **Establece una rutina:** Tener una rutina diaria, incluso flexible, puede proporcionar un sentido de estructura y previsibilidad en medio del caos.

9. **Educación continua:** Aprender algo nuevo, ya sea un pasatiempo, un idioma o cualquier otra habilidad, puede proporcionar un sentido de logro y propósito.

10. **Busca apoyo profesional:** A veces, los desafíos pueden volverse demasiado grandes para enfrentarlos solos. Terapeutas, consejeros y entrenadores pueden proporcionar herramientas y perspectivas valiosas.

En conclusión, cuidar de uno mismo no es un acto egoísta. Es más bien un compromiso con tu propia salud y bienestar. Al enfrentar los desafíos de la vida, especialmente aquellos relacionados con padres emocionalmente inmaduros, el autocuidado se vuelve aún más crucial. A través de prácticas diarias y una profunda conciencia de tus propias necesidades, cada individuo puede construir una base sólida desde la cual abordar los desafíos de la vida con resiliencia y fortaleza. El tema del autocuidado es realmente amplio y crucial. Con el tiempo, muchas personas han comprendido que prestar atención a uno mismo no es un signo de egoísmo, sino más bien una forma de respeto y amor propio que luego se refleja en todas las interacciones externas. Aquí hay algunas reflexiones adicionales sobre el tema:

- **El autocuidado está intrínsecamente relacionado con la autoestima.** Cuando reconocemos nuestro valor, naturalmente tendemos a cuidarnos. Por otro lado, si no nos vemos como merecedores de atención y cuidado, es fácil descuidarnos. La clave está en construir una relación saludable con uno mismo, lo que a menudo comienza con pequeños gestos diarios.

- **Otro aspecto crucial del autocuidado es la capacidad de reconocer y escuchar nuestras propias emociones.** Muchos de nosotros hemos sido educados para reprimir ciertas emociones, especialmente las consideradas "negativas". Sin embargo, el autocuidado requiere dar espacio a todas nuestras emociones, aceptándolas como parte de nuestro ser. Cuando sentimos tristeza, enojo o frustración, el autocuidado podría significar tomarnos un momento para reflexionar sobre lo que estamos sintiendo en lugar de ignorar o sofocar esas emociones.

- **El entorno en el que vivimos desempeña un papel fundamental en nuestro bienestar.** El autocuidado puede significar crear un espacio que nos haga sentir seguros, tranquilos y cómodos. Ya sea una casa bien decorada, una habitación dedicada a la meditación o un rincón de lectura, tener un espacio personal donde podamos retirarnos y relajarnos es fundamental.

- **La nutrición es otro pilar del autocuidado.** Alimentar el cuerpo con alimentos saludables y nutritivos, beber suficiente agua y reducir o evitar sustancias que puedan perjudicar nuestro bienestar (como el alcohol, la cafeína en exceso o los azúcares refinados) son acciones que reflejan un profundo cuidado de uno mismo.

Finalmente, el autocuidado no significa aislarse del mundo. Por el contrario, a menudo implica buscar activamente comunidades y grupos de apoyo que compartan intereses o desafíos similares. Ser parte de una comunidad puede proporcionar un sentido de pertenencia y apoyo que es fundamental para nuestro bienestar psicológico. Todos estos aspectos están estrechamente entrelazados y contribuyen a un marco general de salud y bienestar. La clave está en el equilibrio: reconocer lo que se necesita en cada momento y actuar en consecuencia, sin juicio y con amabilidad hacia uno mismo. El camino hacia el autocuidado es un viaje continuo, lleno de descubrimientos, desafíos y momentos de crecimiento.

El autocuidado no se limita solo a prácticas físicas o hábitos alimenticios; también concierne a la salud mental y espiritual. Nuestra psique es tan importante como nuestro cuerpo físico y necesita atención regular para garantizar su bienestar. Una de las facetas del autocuidado mental implica la gestión del estrés. Vivimos en un mundo donde las demandas y presiones son constantes, tanto desde el exterior como desde el interior. Encontrar formas efectivas de manejar el estrés, como la meditación, la escritura o simplemente pasar tiempo en la naturaleza, puede tener efectos profundamente positivos en nuestra salud mental. La práctica de la atención plena, o mindfulness, se ha vuelto cada vez más popular como una herramienta de autocuidado. Al centrarse en el presente y aceptar el momento actual sin juzgar, se puede lograr una forma de paz interior y claridad mental que de otra manera podría ser difícil de encontrar. Además, dedicar tiempo a las pasiones y hobbies no solo es una forma de relajación, sino también una manera de recargarse y avivar la propia chispa interior. Ya sea pintar, bailar, leer o cualquier otra actividad que haga vibrar el alma, es fundamental reservar tiempo para estas pasiones. Otro aspecto a menudo pasado por alto del autocuidado es la calidad del sueño. Un sueño adecuado es esencial para nuestra salud física y mental. Esto significa crear un ambiente propicio para el descanso, establecer una rutina nocturna que señale al cuerpo que es hora de desacelerar y, si es necesario, recurrir a técnicas de relajación para ayudar a conciliar el sueño. El autocuidado también incluye la importancia de establecer límites. Esto implica reconocer cuándo se necesita un descanso y sentirse en el derecho de tomarlo. No es egoísta querer desconectar o decir "no" cuando ya estamos abrumados. Por el contrario, es un signo de autorecuperación y de conciencia de nuestras propias necesidades. La conexión social, paradójicamente, también forma parte del autocuidado. Los seres humanos somos criaturas sociales; necesitamos interacciones humanas para sentirnos conectados y comprendidos. Esto puede significar pasar tiempo con amigos o familiares, unirse a grupos o comunidades de personas con intereses similares, o incluso buscar apoyo profesional cuando se atraviesan períodos particularmente difíciles. Finalmente, es importante recordar que el autocuidado no es un destino, sino un viaje. No hay una forma "correcta" de practicar el autocuidado; lo que importa es encontrar lo que funciona para cada individuo y comprometerse con esas prácticas con intención y conciencia. El camino hacia el autocuidado está en constante evolución, adaptándose a las cambiantes necesidades de cada persona a lo largo de la vida. El autocuidado es una parte fundamental del bienestar general de un individuo. Es un concepto que abarca múltiples aspectos de la vida de una persona y requiere atención constante y reflexión profunda sobre las propias necesidades, tanto físicas como emocionales. En primer lugar, se debe considerar el autocuidado como una inversión en uno mismo. Al igual que cualquier inversión, requiere tiempo, recursos y dedicación, pero los beneficios a largo plazo son invaluables. El autocuidado nunca debe considerarse un lujo o un capricho; más bien, es una necesidad para mantener el equilibrio en la vida agitada de hoy. Uno de los principales obstáculos que las personas enfrentan al adoptar una práctica constante de autocuidado es la culpa. En una sociedad que recompensa la productividad y la actividad constante, tomar tiempo para uno mismo puede parecer un acto egoísta. Sin embargo, es esencial comprender que cuidarse a uno mismo no solo beneficia al individuo, sino que también tiene repercusiones positivas en quienes lo rodean. Una persona que se cuida a sí misma tiende a tener energías positivas para compartir con los demás, a ser más paciente, comprensiva y productiva. El autocuidado no es una fórmula estática y única. Lo que funciona para una persona puede no funcionar para otra. La experimentación y la autorreflexión son fundamentales. Escuchar el propio cuerpo, mente y espíritu es esencial para identificar lo que se necesita. Esto podría significar probar diferentes formas de meditación, cambiar hábitos alimenticios, explorar nuevas actividades o simplemente dedicar más tiempo al descanso. En conclusión, el autocuidado es un viaje continuo de descubrimiento y autoafirmación. Es una práctica que requiere compromiso, pero que recompensa con un renovado sentido de bienestar, equilibrio y satisfacción en la vida. En un mundo donde constantemente estamos bombardeados con estímulos externos, expectativas y presiones, el autocuidado emerge como una brújula indispensable, guiando a las personas hacia una vida más centrada, gratificante y en armonía consigo mismas.

15. Comprender el Perdón: Explora lo que realmente significa perdonar y cuándo es apropiado.

El perdón es uno de los aspectos más discutidos y complejos de la experiencia humana. En muchas culturas y tradiciones espirituales, se considera una virtud esencial, un paso necesario hacia la curación, la evolución y la paz interior. Sin embargo, su verdadero significado, sus implicaciones y sus límites son objetos de diversas y a veces contradictorias interpretaciones.

Naturaleza del Perdón: El perdón no es simplemente el acto de "olvidar" una ofensa o de suprimir los sentimientos de enojo o dolor. Más bien, es un proceso profundo e intencional a través del cual una persona decide liberarse del peso de sus heridas, reconociendo el dolor pero eligiendo no definirse por él. El perdón no niega el mal sufrido, sino que transforma la forma en que lo percibimos y interactuamos con él.

Perdón vs. Riconciliación: Es esencial distinguir entre el perdón y la reconciliación. Se puede perdonar a alguien sin necesariamente restablecer una relación con esa persona. La reconciliación implica la reparación de una relación rota y requiere el consentimiento y la acción de ambas partes involucradas. El perdón, por otro lado, es una elección personal que se puede hacer independientemente del comportamiento o el arrepentimiento de la otra persona.

Beneficios del Perdón: Numeras investigaciones han demostrado que el perdón puede tener beneficios psicológicos y físicos. Estos incluyen la reducción del estrés, la ansiedad y la depresión, una mejor calidad del sueño y una disminución del riesgo de problemas cardíacos. Emocionalmente, el perdón puede llevar a una mayor paz interior y una renovada sensación de libertad.

¿Cuándo es Apropiado?: El perdón nunca debe ser forzado ni apresurado. Cada individuo debe determinar el momento adecuado para sí mismo. En algunos casos, especialmente en situaciones de trauma grave o repetido, el proceso puede llevar mucho tiempo y puede requerir apoyo terapéutico. Además, en algunas situaciones, una persona puede decidir que no puede o no quiere perdonar. Esta elección es personal y debe ser respetada.

El Perdón y Uno Mismo: A menudo, uno de los mayores desafíos en el proceso de perdón es perdonarse a sí mismo. Reconocer y aceptar los propios errores, fallos o debilidades puede ser doloroso, pero también es un paso crucial hacia el crecimiento personal y la autoaceptación.

Conclusión: El perdón es un viaje íntimo y profundamente individual. Si y cuando una persona elige emprender este camino, se embarca en un proceso de liberación y comprensión auténtica. Pero lo fundamental a recordar es que el perdón es una elección, y cada individuo tiene el derecho de decidir cuándo y si es el momento adecuado para hacerlo.

El Concepto Universal del Perdón: El concepto de perdón se extiende más allá de la simple idea de "dejar ir". Penetra profundamente en los rincones de nuestra psique y afecta cómo nos percibimos a nosotros mismos, a los demás y al mundo que nos rodea. Cada cultura y tradición religiosa tiene su propia interpretación del perdón, pero hay algunos temas universales que surgen cuando se explora este tema en profundidad.

En muchas tradiciones espirituales, el perdón se ve como un medio para alcanzar una conexión más profunda con lo divino. Se cree que el guardar rencor o alimentar sentimientos de venganza nos separa de la divinidad o de nuestro verdadero yo. Esta conexión entre el perdón y la espiritualidad sugiere que perdonar no es solo un acto altruista hacia otro individuo, sino también un acto de auto-sanación y liberación personal.

Desde una perspectiva psicológica, el perdón puede verse como un medio para superar el trauma. Muchos profesionales de la salud mental alientan activamente a las personas a emprender el camino del perdón como parte de su proceso de curación. Sin embargo, es importante destacar que el perdón no es un acto único, sino más bien un proceso que puede llevar tiempo y reflexión.

También es esencial enfatizar que el perdón no equivale a justificar o minimizar el acto que causó dolor. Se puede reconocer plenamente la gravedad de una ofensa y, al mismo tiempo, elegir perdonar. Esta distinción es fundamental porque muchas personas erróneamente creen que perdonar significa "olvidar" o "aprobar" un comportamiento perjudicial.

En términos de relaciones interpersonales, el perdón puede tener un impacto significativo en la dinámica de una relación. Puede crear espacio para la reconciliación o, en algunos casos, para una separación pacífica. Cuando se perdona a alguien, también se libera cierta energía que antes estaba ligada al resentimiento o la ira. Este liberación puede llevar a una mayor claridad y comprensión en las interacciones futuras.

Sin embargo, también es posible que algunas personas utilicen el concepto de perdón como un medio para manipular o controlar a otros. "Deberías perdonarme" o "Si realmente fueras espiritual, perdonarías" son ejemplos de cómo el perdón puede ser distorsionado para cumplir objetivos egoístas. Es fundamental que cada individuo escuche su propia intuición y discernimiento cuando se trata de decidir cuándo y cómo perdonar.

Otra dimensión del perdón implica la distinción entre perdonar y volver a confiar. Se puede optar por perdonar a alguien por una ofensa pasada, pero esto no significa automáticamente que se deba restablecer la misma cantidad de confianza que existía antes. La confianza, una vez que se quiebra, puede requerir tiempo y acciones concretas para ser reconstruida.

El perdón, en su núcleo, trata sobre la liberación. Liberarse del peso del

resentimiento, de la garra de la venganza y de la
sombra de la injusticia. Mientras podría pensarse
que el perdón beneficia principalmente a la
persona que causó el daño, en realidad, el
beneficiario principal del perdón suele ser quien
perdona. La neurociencia ha comenzado a
explorar las profundidades del perdón, tratando
de comprender cómo afecta al cerebro y al
cuerpo. Algunas investigaciones indican que
alimentar rencores puede tener efectos negativos
en nuestra salud física, llevando al aumento del
estrés, la presión arterial alta y otros problemas
relacionados. Por el contrario, el perdón puede
favorecer la reducción del estrés, mejorar la salud
cardíaca y potencialmente aumentar la
longevidad.

**Una de las principales dificultades del
perdón es la lucha interna** entre el deseo de
justicia y la voluntad de liberarse de la carga
emocional. La sociedad a menudo valora la idea
de "hacer que alguien rinda cuentas", y la cultura
popular está llena de historias de venganza y
justicia. Estas narrativas pueden hacer que sea
aún más difícil abrazar la idea de perdón,
especialmente cuando la herida es profunda y
personal.

Sin embargo, es importante destacar que el
perdón no significa renunciar a la justicia. Si
alguien ha sufrido una injusticia, tiene el derecho

de buscar justicia a través de medios apropiados. El perdón se refiere más a nuestro estado interno y nuestra paz emocional que a la acción externa de aceptar o rechazar a una persona o una acción. **Existe también el concepto de auto-perdón,** que puede ser aún más difícil de navegar. Los errores que hemos cometido, especialmente aquellos que han causado dolor a otros, pueden dejar cicatrices emocionales profundas. El auto-perdón requiere una profunda introspección, aceptación y la voluntad de cambiar y crecer. A menudo, puede ser útil buscar la guía de profesionales, como terapeutas o consejeros, para ayudar a navegar por este complejo terreno emocional.

Además, el perdón no es una experiencia monolítica; hay varios grados y profundidades. Puede ser fácil perdonar una pequeña ofensa, mientras que una violación grave de la confianza puede llevar años para ser procesada y perdonada. La clave es reconocer que cada individuo tiene su propio ritmo y que el proceso de perdón no puede apresurarse. El respeto por su propio viaje emocional y el reconocimiento de su propia resistencia y capacidad de curación son fundamentales en este viaje.

El concepto de perdón es uno de los temas más complejos y multifacéticos del panorama emocional humano. En su núcleo, es un acto de liberación y compasión, no solo hacia los demás, sino crucialmente hacia nosotros mismos. Se trata de liberarse de la pesada cadena del resentimiento, de la corrosión de la ira y del peso de la venganza. Pero por más altruista que parezca, perdonar ofrece beneficios tangibles a quien perdona, en lugar de a quien es perdonado.

Desde una perspectiva psicológica, albergar rencores y enemistades puede tener un impacto negativo en nuestra salud mental, creando ansiedad, estrés y depresión. El peso de estos sentimientos no resueltos también puede manifestarse físicamente, provocando tensiones musculares, insomnio y otros trastornos relacionados con el estrés. Por otro lado, el perdón puede ofrecer una sensación de paz y liberación, reduciendo estos efectos negativos en nuestra salud física y mental.

Sin embargo, el camino hacia el perdón rara vez es lineal o simple. Perdonar no significa olvidar, ni significa necesariamente reconciliarse con quien nos ha hecho daño. Puede simplemente significar aceptar lo que ha ocurrido, liberando el deseo de venganza o castigo. En algunos casos, también puede implicar reconocer que quien cometió la ofensa pudo haber sido, a su vez, una víctima de circunstancias o traumas pasados.

El auto-perdón, como ya hemos discutido, es un desafío en sí mismo. Enfrentar nuestros propios errores, reconocer nuestro papel en conflictos pasados y aceptar que, a pesar de nuestras imperfecciones, somos dignos de amor y compasión, es un viaje que requiere valentía e introspección. Muchas personas pueden descubrir que, aunque pueden perdonar fácilmente a otros, el auto-perdón es una montaña mucho más difícil de escalar.

En conclusión, el perdón, tanto hacia los demás como hacia uno mismo, es un proceso profundamente personal e individual. No hay una solución única para todos ni un cronograma definido. Lo fundamental es la conciencia de nuestra capacidad de sanación, la comprensión de nuestra resistencia y la voluntad de avanzar hacia un futuro en el que el peso del pasado no defina el potencial del mañana. El perdón, en todas sus formas, es un testimonio de la fuerza y la capacidad humanas para encontrar paz, compasión y renovación incluso en las circunstancias más adversas.

16. Red de Apoyo: La importancia de tener amigos, parejas o grupos de apoyo que comprendan y respalden.

La red de apoyo es un pilar fundamental en el proceso de curación y crecimiento de un individuo. Se trata de un conjunto de personas, que pueden incluir amigos, familiares, parejas, colegas o grupos de apoyo, que ofrecen escucha, comprensión y ayuda de diversas maneras. A continuación, un análisis profundo sobre la importancia de tener una sólida red de apoyo.

1. Validación Emocional: Uno de los beneficios clave de tener personas de apoyo a tu alrededor es que pueden validar tus sentimientos. Esto significa que pueden confirmar que lo que sientes es real, válido y comprensible. Esta validación puede reducir el aislamiento y la sensación de que nadie puede entender lo que estás pasando.

2. Compartir Experiencias: Además de la validación, compartir tus experiencias con otros puede ofrecer una perspectiva valiosa. A menudo, descubrir que alguien ha enfrentado desafíos similares y ha encontrado formas de superarlos puede ser extremadamente alentador.

3. Escucha Activa: Una red de apoyo a menudo ofrece un oído compasivo, dispuesto a escuchar sin juzgar. Este tipo de escucha, donde la persona se siente vista y oída, puede tener un efecto terapéutico.

4. Apoyo Práctico: Además del apoyo emocional, una red de apoyo puede proporcionar ayuda práctica. Esto podría incluir asistencia en la realización de ciertas actividades, consejos sobre recursos útiles o simplemente ofrecer una mano amiga cuando sea necesario.

5. Refuerzo Positivo: Mientras se enfrentan desafíos, una red de apoyo puede servir como recordatorio de tus propias fortalezas y capacidades. Las palabras de aliento o los pequeños gestos de cariño pueden hacer mucho para elevar la autoestima y la confianza en uno mismo.

6. Liberación de Tensión: Hay momentos en que la presión se vuelve demasiado intensa y necesitas desahogarte. Tener personas de confianza con las que hablar puede ofrecer una salida segura para estos sentimientos, evitando posibles reacciones negativas.

7. Navegar Decisiones Difíciles: La vida a menudo presenta decisiones complejas. Tener un grupo de personas con las que discutir las opciones, sopesar los pros y los contras, puede ayudar a tomar decisiones más reflexivas.

8. Crecimiento a través de la Reflexión: Interactuar con otros a menudo puede servir como un espejo, reflejando partes de nosotros que podríamos no ver. Esta reflexión puede ser esencial para el crecimiento personal.

9. Reducción del Sentimiento de Aislamiento: Uno de los principales desafíos al enfrentar dificultades, especialmente con padres emocionalmente inmaduros, es la sensación de estar solo. Una red de apoyo reduce activamente este sentimiento, proporcionando un sentido de comunidad y pertenencia.

En conclusión, una red de apoyo desempeña un papel crucial en el bienestar general de un individuo, ofreciendo una combinación de apoyo emocional, práctico y psicológico. Independientemente de la naturaleza del desafío o el trauma, tener una comunidad solidaria puede marcar la diferencia entre sentirse aislado y abrumado, y sentirse respaldado y capaz de superar las adversidades.

La red de apoyo, en el contexto de la curación y el bienestar personal, se extiende mucho más allá del concepto tradicional de amistad o familia. La sociedad moderna ha visto el surgimiento de una variedad de formas de apoyo que pueden contribuir a una experiencia de curación más holística y multidimensional.

Conexiones en línea: Con el auge de las redes sociales y las plataformas en línea, ahora existen comunidades virtuales dedicadas al apoyo. Estas plataformas pueden conectar a individuos de todo el mundo que comparten experiencias similares, permitiendo compartir y apoyar más allá de las fronteras geográficas. Poder conectarse con alguien al otro lado del mundo, pero que comparte un desafío similar, puede ser increíblemente poderoso.

Grupos de Autoayuda: Más allá de las conexiones digitales, existen grupos de autoayuda físicos que se reúnen regularmente. Estos grupos pueden ser específicos para desafíos o traumas particulares, como abuso, adicciones o desafíos de salud mental. En estos entornos, las personas pueden compartir sus historias, aprender unas de otras y construir fuertes lazos de apoyo mutuo.

Eventos y Talleres: Hay eventos, seminarios y talleres diseñados para ayudar a las personas a navegar por desafíos específicos de la vida. Estos eventos, además de proporcionar información y herramientas, también crean oportunidades para que las personas se conecten con otros que comparten desafíos similares.

Actividades Terapéuticas en Grupo: Actividades como la terapia en grupo, la meditación en grupo o las clases de yoga pueden funcionar como una red de apoyo. Estas sesiones no solo proporcionan herramientas de sanación, sino que también crean un sentido de comunidad entre los participantes.

Apoyo a través del Arte y la Cultura: La música, la literatura, el cine y otras formas de arte pueden actuar como una red de apoyo indirecta. A través de estas expresiones, las personas pueden sentir una conexión emocional, sentir que sus experiencias están representadas y que no están solas en sus desafíos.

Voluntariado y Servicio: Ayudar a otros puede ser una forma poderosa de sanar. Muchas personas descubren que al ser voluntarios y apoyar a otros, pueden encontrar un sentido de propósito y comunidad. Esto puede crear una red de apoyo mutuo, donde se da y se recibe al mismo tiempo.

Apoyo Animal: Los animales, especialmente las mascotas, pueden ofrecer un tipo único de apoyo. El amor y el afecto incondicional que un animal puede brindar a menudo actúa como una fuente importante de consuelo y puede actuar como un amortiguador contra la soledad.

Apoyo Profesional: Además de las relaciones personales y las conexiones comunitarias, es esencial reconocer la importancia de los profesionales como terapeutas, consejeros y coaches de vida. Pueden proporcionar herramientas, recursos y espacios seguros para trabajar a través de traumas y desafíos. Incorporando una combinación de estas fuentes y conexiones, un individuo puede crear una red de apoyo robusta y resiliente que puede sostenerlo a través de los desafíos de la vida. La clave está en reconocer que cada persona necesita un tipo diferente de apoyo, y lo que funciona para uno puede no funcionar para otro. Personalizar y seguir adaptando su propia red de apoyo según sus necesidades es esencial para un proceso de sanación efectivo y sostenible.

Dentro del panorama de las relaciones humanas, existe una constante necesidad de sentirse comprendido, respaldado y aceptado. Es por eso que una red de apoyo bien estructurada es fundamental para nuestra salud mental y emocional. Profundicemos más en el concepto de red de apoyo:

Educación y Formación: Cursos, seminarios y talleres no solo pueden educar, sino que también pueden actuar como lugares donde las personas pueden conocer a otros con problemas similares u objetivos relacionados. Compartir experiencias en un entorno de aprendizaje puede crear un vínculo de apoyo mutuo entre los participantes.

Deporte y Actividades Recreativas: Los equipos deportivos, los clubes de senderismo u otras actividades físicas son excelentes para construir redes de apoyo. Cuando las personas se unen para lograr un objetivo común, como ganar un partido o escalar una montaña, se crean vínculos profundos.

Grupos Religiosos y Espirituales: Muchas personas encuentran apoyo en sus comunidades religiosas o espirituales. Estos grupos a menudo ofrecen un lugar seguro para compartir preocupaciones, dudas y éxitos, proporcionando una profunda conexión espiritual y humana.

Apoyo en línea Especializado: Hay foros y grupos en línea dedicados a desafíos específicos, como la ansiedad, la depresión, el abuso de sustancias o enfermedades específicas. Estos espacios virtuales permiten que las personas se conecten de manera anónima, compartan sus historias y reciban consejos de quienes han tenido experiencias similares.

Grupos de Apoyo para el Autocuidado: El autocuidado se ha convertido en una parte crucial de la salud mental, y hay muchos grupos dedicados a prácticas de autocuidado como la meditación, la escritura reflexiva y la terapia artística.

Eventos Comunitarios: Participar en eventos locales, como ferias, mercados o festivales, puede ayudar a crear una sensación de pertenencia a una comunidad. Estos eventos también pueden ofrecer oportunidades para conocer recursos locales y conectarse con otras personas en la zona.

Retiros y Vacaciones: Hay retiros específicos diseñados para ayudar a las personas a desconectar, relajarse y reflexionar. Durante estos retiros, pueden formarse lazos duraderos con otros participantes, creando una red de apoyo extendida.

Grupos Basados en Intereses Comunes: Ya sea clubes de lectura, grupos de jardinería o equipos de fotografía, reunirse en torno a un interés común puede llevar a relaciones profundas y significativas entre los miembros. Cada individuo necesita una combinación personalizada de estas fuentes de apoyo. La diversidad de estas redes significa que, mientras algunos pueden encontrar apoyo en un grupo religioso, otros pueden encontrarlo en un club deportivo o en un foro en línea. Lo esencial es reconocer la importancia de tener una red y esforzarse por construirla y mantenerla con el tiempo. Estas redes no solo proporcionan apoyo inmediato en momentos difíciles, sino también oportunidades de crecimiento, aprendizaje y enriquecimiento en la vida cotidiana.

La construcción y el mantenimiento de una sólida red de apoyo son elementos fundamentales para la salud mental y el bienestar de un individuo, especialmente para aquellos que han enfrentado los desafíos de tener padres emocionalmente inmaduros. Una red de apoyo va mucho más allá de simplemente tener a alguien con quien hablar. Es un sistema complejo de relaciones y recursos que brinda consuelo, orientación, aliento e incluso oportunidades de crecimiento personal.

Muchos estudios han demostrado que tener una red de apoyo sólida puede ayudar a reducir los niveles de estrés, mejorar la capacidad para enfrentar los desafíos de la vida y aumentar el sentimiento de pertenencia y propósito. Especialmente cuando se enfrentan traumas o desafíos relacionados con la infancia, la capacidad de compartir y procesar estas experiencias con personas comprensivas puede acelerar el camino hacia la curación.

Sin embargo, construir una red de apoyo requiere esfuerzo. No se trata solo de buscar ayuda cuando se está en crisis, sino de establecer y nutrir relaciones a lo largo del tiempo. Esto podría significar participar activamente en grupos, tomar la iniciativa de compartir experiencias personales o incluso ayudar a otros en sus desafíos, reconociendo que dar y recibir apoyo son dos caras de la misma moneda. También es importante reconocer que no todas las relaciones o grupos serán beneficiosos o apropiados para cada individuo. A veces, una relación o grupo puede dejar de sentirse constructivo o incluso volverse tóxico. En estos casos, es esencial tener la conciencia y la valentía de alejarse y buscar otras fuentes de apoyo.

En conclusión, una red de apoyo no es un lujo, sino una necesidad. Es un componente crucial en el viaje de cada individuo hacia la curación y el autodescubrimiento. Ofrece una brújula cuando nos sentimos perdidos, consuelo en momentos difíciles y celebración en momentos de alegría. Cada individuo merece una red de apoyo sólida y amorosa, y es una inversión que se amortiza con grandes beneficios en términos de bienestar y felicidad.

17. Impacto en las Propias Relaciones: Cómo estas experiencias afectan las relaciones del adulto, incluyendo a parejas e hijos.

Las experiencias infantiles, especialmente aquellas relacionadas con padres emocionalmente inmaduros, pueden tener repercusiones significativas en las relaciones adultas, influyendo en aspectos como la confianza, la comunicación, la vulnerabilidad y la capacidad para establecer vínculos significativos. Ahora analizaremos en detalle cómo estas experiencias pueden manifestarse en las relaciones adultas.

Confianza: Uno de los fundamentos de las relaciones saludables es la confianza mutua. Sin embargo, para aquellos que crecieron en entornos donde la confianza fue comprometida o traicionada, puede resultar difícil construir o

mantener la confianza en las relaciones adultas.
El miedo a ser herido nuevamente puede llevar a
dudar de las intenciones de los demás o
interpretar erróneamente las acciones de otros
como amenazas.

Apego: Las teorías del apego sugieren que los
modelos de apego formados en la infancia
afectan las relaciones adultas. Las personas que
tuvieron una infancia tumultuosa pueden
desarrollar estilos de apego ansioso o evitativo,
que pueden manifestarse como dependencia
excesiva o como distancia emocional excesiva en
las relaciones adultas.

Comunicación: La capacidad de comunicarse
abierta y efectivamente es fundamental en las
relaciones. Aquellos que tuvieron padres
emocionalmente inmaduros pueden no haber
tenido la oportunidad de aprender habilidades de
comunicación saludables. Esto puede traducirse
en dificultades para expresar pensamientos y
emociones o para manejar conflictos de manera
constructiva.

Vulnerabilidad: Ser vulnerable y abierto con
una pareja es esencial para una conexión
profunda. Sin embargo, si en el pasado la
vulnerabilidad fue explotada o castigada, el
adulto puede evitar mostrarse vulnerable,
limitando la profundidad y la intimidad de la
relación.

Repetición de Patrones: Es común para los adultos replicar, a menudo de manera inconsciente, los patrones de comportamiento de sus padres en sus propias relaciones. Esto puede manifestarse a través de la adopción de roles similares a los de los padres o eligiendo parejas que reflejen las características de los padres.

Relaciones con los Hijos: Las experiencias vividas en la infancia también pueden influir en la capacidad para ser padres. El miedo a repetir los errores de los propios padres o el deseo de compensar las propias deficiencias pasadas puede influir en los estilos de crianza y en el comportamiento como padres.

En conclusión, las relaciones adultas están profundamente influenciadas por las experiencias vividas en la infancia. Sin embargo, con conciencia, apoyo y terapia, es posible reconocer estos patrones, trabajar para modificarlos y construir relaciones más saludables y satisfactorias.

Dependencia Emocional: Las personas que crecieron con padres emocionalmente inmaduros pueden desarrollar una dependencia emocional hacia las parejas. Esta dependencia surge del deseo profundo y a menudo no reconocido de buscar en el otro lo que no se recibió en la infancia. Se busca una pareja que pueda "reparar" las heridas pasadas y ofrecer la seguridad y aceptación que no se experimentaron en la juventud. Esto puede llevar a relaciones desequilibradas, donde una parte se siente excesivamente responsable de la otra.

Miedo al Abandono: Las heridas causadas por tener padres emocionalmente distantes o inconsistentes pueden inculcar un profundo miedo al abandono. Este miedo puede manifestarse de diversas formas en las relaciones adultas, como la dependencia excesiva, los celos o la constante necesidad de tranquilidad.

Autoestima: La percepción de uno mismo a menudo se ve afectada por la forma en que fuimos tratados por nuestros padres. Si un individuo no se sintió valorado o amado durante la infancia, puede tener dificultades para verse como digno de amor o respeto en las relaciones adultas. Esta baja autoestima puede llevar a tolerar comportamientos perjudiciales o a establecer relaciones en las que no se satisfacen las propias necesidades.

Dificultades en la Gestión de Conflictos: La falta de modelos saludables de resolución de conflictos en la familia puede traducirse en dificultades para manejar desacuerdos en las relaciones adultas. El individuo puede tender a evitar conflictos por completo, retirándose o reprimiendo sus emociones, o puede reaccionar de manera excesivamente agresiva o defensiva ante situaciones tensas.

Búsqueda de Aprobación: Otro aspecto relevante es la constante búsqueda de aprobación. Crecer con padres emocionalmente inmaduros puede llevar a buscar constantemente confirmación y aprobación de los demás, especialmente de las parejas románticas. Esta necesidad puede volverse abrumadora para la pareja y crear dinámicas desequilibradas en la relación.

Temor a la Intimidad: A pesar de desear profundamente una conexión, quienes tienen padres emocionalmente inmaduros pueden temer la verdadera intimidad. Este miedo surge del temor a ser verdaderamente conocido y, como resultado, ser rechazado o abandonado. Por lo tanto, a pesar de tener relaciones, pueden mantener una cierta distancia emocional, protegiéndose de más sufrimiento.

Recreación de Dinámicas Familiares: A menudo, de manera inconsciente, las personas pueden buscar parejas que recrean las dinámicas familiares que experimentaron en la infancia. Por ejemplo, si un padre era crítico o dominante, pueden encontrar parejas con rasgos similares en un intento inconsciente de "resolver" los problemas del pasado.

Estos son solo algunos de los modos en que las experiencias infantiles pueden influir en las relaciones adultas. La comprensión y la conciencia de estas dinámicas son el primer paso para construir relaciones más saludables y satisfactorias.

Paternidad y Maternidad: Aquellos que crecieron con padres emocionalmente inmaduros podrían no haber tenido un modelo de referencia adecuado sobre cómo ser padres. Esto puede manifestarse de diversas maneras cuando se convierten en padres ellos mismos. Algunos podrían volverse excesivamente protectores, tratando de compensar lo que perdieron en su propia infancia, mientras que otros podrían repetir los mismos comportamientos de sus propios padres al no haber aprendido modelos de comportamiento alternativos. El desafío radica en identificar estos comportamientos y tratar de romper el ciclo.

Dependencia de la Validación Externa: La falta de reconocimiento y afecto por parte de los padres puede llevar a una dependencia excesiva de la validación externa. Esto puede manifestarse en relaciones en las que la persona busca constantemente confirmación, elogios o tranquilidad por parte de la pareja, a menudo llegando al punto de basar su valor personal en el juicio del otro.

Aislamiento Emocional: Algunos de los que crecieron con padres emocionalmente inmaduros pueden desarrollar mecanismos de defensa que los llevan a aislarse emocionalmente. Aunque pueden parecer sociables y funcionales externamente, internamente pueden mantener una distancia, evitando compartir sus verdaderos sentimientos o vulnerabilidades.

Dificultad para Expresar Emociones: Crecer en un entorno donde las emociones no fueron aceptadas o fueron rechazadas puede llevar a dificultades para expresar o reconocer las propias emociones. Esto puede dar lugar a una comunicación superficial en las relaciones o a dificultades para comprender y responder a las necesidades emocionales del compañero.

Sobreajuste: A veces, para lidiar con padres emocionalmente inmaduros, un niño puede convertirse en "el pequeño adulto" de la familia, asumiendo responsabilidades que van más allá de su edad. Este papel puede persistir en la edad adulta, llevando a la persona a sobreajustarse a las necesidades de los demás, a menudo en detrimento de sus propias necesidades y deseos.

Autocrítica Excesiva: Otro efecto secundario de tener padres emocionalmente inmaduros puede ser el desarrollo de una voz interna excesivamente crítica. Sin un apoyo o reconocimiento adecuado en la infancia, la persona puede internalizar la crítica y convertirse en su propio crítico más severo, cuestionando cada decisión o acción y sintiendo que nunca está haciendo lo suficiente.

Evitación del Conflicto: Si el conflicto se manejó de manera poco saludable en la familia, la persona podría temer o evitar cualquier forma de confrontación en sus relaciones. Esto puede llevar a no abordar problemas importantes, acumulando rencores o frustraciones con el tiempo.

La profunda influencia de las experiencias infantiles en nuestras relaciones adultas no puede subestimarse. Cuando un individuo crece en un entorno caracterizado por padres emocionalmente inmaduros, sus habilidades relacionales, la percepción de sí mismo y la gestión de las emociones pueden verse profundamente influenciadas, a menudo de formas que la persona podría no reconocer completamente hasta mucho más tarde en la vida.

Para empezar, la forma en que percibimos e interpretamos el amor, el afecto y la seguridad a menudo está arraigada en las primeras interacciones con nuestros padres o tutores. Si estas primeras relaciones están distorsionadas por la falta de empatía, comprensión o apoyo, es probable que una persona desarrolle patrones de apego inseguro. Estos patrones pueden manifestarse como ansiedad en el apego, evitación o una combinación de ambos, influyendo en cómo la persona se acerca y reacciona a las relaciones íntimas.

Además, nuestra autoestima y nuestro sentido de valía personal a menudo son un reflejo de cómo fuimos tratados cuando éramos pequeños. Si un niño creció sintiéndose inadecuado, no amado o constantemente criticado, estas heridas emocionales pueden llevar a una imagen distorsionada de sí mismo, donde la persona puede sentir constantemente la necesidad de validación externa o, por el contrario, puede construir muros emocionales, evitando la intimidad por miedo al rechazo o al dolor.

Las relaciones con las parejas, a su vez, pueden verse socavadas por estos traumas no resueltos. Sin una conciencia o comprensión de estas dinámicas, una persona podría replicar inconscientemente los mismos patrones de comportamiento de los padres, perpetuando el ciclo de distancia emocional, falta de comunicación y posible conflicto.

Y no solo las relaciones románticas se ven afectadas. Las relaciones con los propios hijos pueden reflejar, en especie, las mismas carencias o dinámicas experimentadas en la propia infancia. Esto corre el riesgo de transmitir las mismas inseguridades y traumas a la siguiente generación.

En conclusión, abordar y reconocer el impacto de las propias experiencias infantiles en las relaciones adultas es fundamental no solo para la salud mental y emocional del individuo, sino también para la salud y el bienestar de sus futuras relaciones y seres queridos. Solo a través de una profunda reflexión, conciencia y, en muchos casos, apoyo profesional, se puede esperar romper el ciclo y establecer relaciones más saludables, auténticas y satisfactorias.

18. Conciencia Generacional: Reflexiona sobre cómo romper el ciclo para asegurar que las generaciones futuras no perpetúen el mismo patrón.

La conciencia generacional es un concepto profundamente relevante cuando se considera la transmisión de patrones de comportamiento, actitudes y traumas de una generación a otra. A menudo, las personas heredan no solo rasgos genéticos, sino también rasgos emocionales, psicológicos y de comportamiento de sus antepasados. La capacidad de reconocer y romper estos ciclos es fundamental para garantizar un crecimiento saludable y próspero de las generaciones futuras.

1. **Reconocimiento y Reflexión:** El primer paso para romper cualquier ciclo es reconocerlo. Las personas deben tomar conciencia de los patrones que se manifiestan en sus vidas y rastrear sus orígenes. Puede ser útil mantener un diario, hablar con miembros mayores de la familia o incluso buscar terapia para identificar y comprender estas tendencias.

2. **Educación Emocional:** La alfabetización emocional, es decir, la capacidad de reconocer, comprender y expresar las propias emociones, es fundamental. La educación emocional puede ayudar a las personas a navegar por sus reacciones y comportamientos, permitiendo una mayor comprensión de sí mismos.

3. **Terapia y Consejería:** Un profesional puede proporcionar las herramientas y estrategias necesarias para abordar y resolver traumas y patrones de comportamiento arraigados. Esto puede incluir terapia cognitivo-conductual, terapia familiar u otras formas de intervención.

4. **Comunicación Abierta:** Hablar con los propios hijos u otros miembros de la familia sobre los patrones reconocidos puede ayudar a prevenir su perpetuación. La conciencia compartida puede servir como un sistema de

alerta temprana, ayudando a las generaciones futuras a reconocer y evitar ciertos comportamientos.

5. **Meditación y Atención Plena:** Estas prácticas pueden ayudar a centrar la mente, desarrollar una mayor autoconciencia y romper automatismos o reacciones impulsivas arraigadas en el pasado.

6. **Educación Parental:** Asistir a cursos o leer material sobre crianza puede proporcionar nuevas perspectivas y estrategias para abordar desafíos y evitar repetir los errores de los propios padres.

7. **Compromiso en el Crecimiento Personal:** Además de la terapia, existen muchas actividades, como la lectura, talleres y seminarios, que pueden respaldar el crecimiento personal y ayudar a desarrollar una mayor autoconciencia.

En conclusión, romper los ciclos generacionales de traumas, comportamientos y actitudes requiere un compromiso activo y deliberado. Es un viaje que puede llevar tiempo, pero los beneficios de una vida más saludable, feliz y consciente, no solo para uno mismo, sino también para las generaciones futuras, son invaluables. A través de la conciencia, la educación y un compromiso activo en el crecimiento personal, es posible no solo reconocer y comprender los patrones heredados, sino también tomar medidas concretas para asegurar que no se transmitan.

La conciencia generacional no se limita a la comprensión de los patrones de comportamiento transmitidos dentro de una familia o comunidad, sino que también implica una profunda introspección en las raíces culturales, históricas y sociales que influyen en esos patrones. Durante décadas, los académicos han explorado cómo las generaciones anteriores pueden influir en el presente y cómo estas influencias pueden modificarse o interrumpirse para beneficio de las generaciones futuras.

En el contexto de las familias, las historias orales y las narraciones transmitidas desempeñan un papel fundamental en la formación de la percepción que los jóvenes tienen del mundo. Por ejemplo, un abuelo que vivió la guerra podría transmitir historias de supervivencia, resistencia y pérdida a sus nietos. Aunque estas historias pueden inculcar valores como la resiliencia y la perseverancia, también pueden llevar consigo traumas ocultos, miedos y ansiedades.

Las influencias generacionales no se detienen en las historias familiares. La música, el arte y la literatura de una época determinada pueden reflejar las emociones y sensaciones de esa generación e influir inadvertidamente en las generaciones futuras. Por ejemplo, la música folk de los años sesenta, con sus temas de protesta y cambio social, tuvo un impacto significativo en la generación del baby boom y en su percepción del activismo y la justicia social.

También influyen las tendencias económicas y políticas. La Gran Depresión de los años treinta creó una generación de personas frugales, ahorradoras y temerosas del riesgo. Estas tendencias económicas tuvieron un profundo impacto en la forma en que esta generación educó a sus hijos en términos de valores financieros.

La tecnología es otro factor clave. La generación que creció en una era preinternet tiene una perspectiva completamente diferente de la privacidad, la comunicación y la interacción social en comparación con la generación de los nativos digitales. Estas diferencias tecnológicas inevitablemente crean brechas en la comprensión y la comunicación entre generaciones.

Además, existen aspectos psicológicos y de comportamiento. Por ejemplo, una madre que experimentó el abandono a una edad temprana podría, sin darse cuenta, sofocar o ser excesivamente protectora con sus hijos, tratando de compensar el trauma que ella misma experimentó. O un padre que creció en un entorno donde mostrar emociones se consideraba una debilidad podría inculcar involuntariamente ese mismo valor en sus hijos.

Para romper estos ciclos, es esencial que las personas comprendan y reflexionen sobre estos factores multidimensionales. La clave no es solo reconocer y aceptar estas influencias, sino también cuestionarse activamente cómo pueden modificarse o reorientarse para asegurar un futuro mejor. La conciencia es solo el comienzo; es la acción intencional, el diálogo y la apertura al crecimiento y al cambio lo que llevarán a un verdadero cambio generacional.

La conciencia generacional es un concepto profundamente entrelazado con la trama del tejido socio-cultural de una sociedad. Representa una lente a través de la cual podemos examinar la acumulación de experiencias, valores, creencias y traumas que se transmiten de una generación a otra y que a menudo se manifiestan en comportamientos y actitudes específicas. La clave para navegar con éxito por el complejo panorama de la conciencia generacional es comprender primero sus raíces y sus mecanismos.

En primer lugar, cada generación crece en un contexto histórico, político, económico y social único. Este contexto moldea sus experiencias colectivas, lo que, a su vez, influye en su mentalidad y comportamiento. Por ejemplo, aquellos que crecieron durante la

Segunda Guerra Mundial en Europa tendrán un conjunto de experiencias y valores muy diferentes de aquellos que crecieron en la década de 1980 en América. Estas experiencias colectivas forman una "huella generacional" que afecta cómo un individuo ve y se relaciona con el mundo.

Además de las experiencias históricas y sociales, la dinámica familiar desempeña un papel crucial en la transmisión de ciertos comportamientos y creencias. Por ejemplo, las familias en las que se desalienta la comunicación abierta pueden transmitir generaciones de personas que tienen dificultades para expresar sus sentimientos o enfrentar conflictos de manera saludable. O en familias en las que se enfatiza fuertemente el rendimiento académico o profesional, pueden surgir generaciones de personas orientadas al éxito, pero posiblemente a expensas de su salud mental o bienestar emocional.

La importancia de la conciencia generacional radica en su capacidad para iluminar los patrones inherentes y a menudo invisibles que guían nuestro comportamiento. Una vez que estos patrones son reconocidos, las personas y las comunidades tienen la oportunidad de romper ciclos dañinos o no saludables. La auto-reflexión, la educación y la apertura al diálogo intergeneracional son herramientas esenciales en este proceso.

La interrupción de estos ciclos requiere tanto un compromiso individual como colectivo. A nivel individual, esto puede implicar terapia o asesoramiento para abordar traumas o creencias arraigadas. A nivel colectivo, puede tratarse de programas educativos, iniciativas comunitarias o movimientos sociales que buscan cambiar actitudes arraigadas culturalmente o desafiar las normas sociales.

En conclusión, la conciencia generacional es una poderosa lente a través de la cual podemos examinar y comprender las profundas influencias que moldean nuestro comportamiento y creencias. Reconociendo y enfrentando estas influencias, tenemos la posibilidad de forjar un futuro en el que las generaciones futuras no estén limitadas por las restricciones o traumas del pasado, sino que estén equipadas con las herramientas y la sabiduría para crear un futuro más saludable y armonioso.

19. Recursos y Lecturas Recomendadas:

Proporciona materiales y recursos adicionales para aquellos que deseen profundizar.

1. **Libros:**

   - *"Padres Emocionalmente Inmaduros"* de Lindsay C. Gibson: Este libro ofrece una perspectiva detallada sobre las dinámicas que pueden surgir entre padres emocionalmente inmaduros y sus hijos, sugiriendo estrategias para manejar y superar estos desafíos.

   - *"El Niño Herido"* de Alice Miller: Un análisis profundo del trauma infantil y sus implicaciones a largo plazo.

   - *"El Cuerpo Lleva la Cuenta"* de Bessel van der Kolk: Explora cómo el trauma físico y emocional puede dejar una huella en el cuerpo y la psique, y sugiere enfoques para la sanación.

2. **Organizaciones y Grupos de Apoyo:**

   - **Hijos Adultos de Padres Emocionalmente Inmaduros:** Grupos de apoyo locales y en línea que ofrecen un lugar para escuchar y compartir para

aquellos que crecieron con padres
emocionalmente distantes o narcisistas.

- **Asociación para la Investigación y
  Terapia del Trauma (ARTT):** Ofrece
  recursos, formación y apoyo para
  profesionales e individuos interesados en
  comprender mejor el trauma y sus
  consecuencias.

3. **Sitios Web y Blogs:**

   - **The Invisible Scar:** Un blog centrado en
     el trauma emocional derivado del abuso
     verbal y psicológico.

   - **Out of the Fog:** Un recurso en línea para
     personas que viven con familiares que
     tienen trastornos de personalidad. Ofrece
     terminología, estrategias y una comunidad
     de apoyo.

4. **Cursos y Webinars:**

   - **Coursera y Udemy:** Muchos cursos en
     línea están disponibles sobre temas como el
     trauma, la conciencia, la psicología infantil
     y las relaciones familiares. Estos pueden
     proporcionar ideas y estrategias prácticas.

5. **Podcasts:**

- **The Mental Illness Happy Hour:** Aunque aborda una amplia gama de temas relacionados con la salud mental, muchos episodios tratan sobre el trauma infantil y las relaciones familiares tóxicas.

- **Therapy Chat:** Este podcast presenta a varios expertos que discuten el trauma, el apego y la curación.

6. **Artículos y Revistas:**

- **Google Scholar:** Una búsqueda sobre "emotional immaturity" (inmadurez emocional), "childhood trauma" (trauma infantil) o "parent-child relationships" (relaciones padres-hijos) puede llevar a numerosos artículos científicos y estudios relevantes sobre el tema.

Estos recursos representan solo una pequeña fracción de lo que está disponible. Se recomienda hablar con un profesional de la salud mental o un bibliotecario para obtener recomendaciones adicionales específicas según sus necesidades. La investigación continua, la educación y el apoyo son esenciales para aquellos que buscan comprender y sanar de los desafíos relacionados con padres emocionalmente inmaduros.

Comprender y navegar la infancia caracterizada por la presencia de padres

emocionalmente inmaduros es un viaje que requiere un enfoque holístico. Aquí hay algunos recursos y consejos adicionales:

7. **Documentales y Películas:**

   - Muchas películas y documentales exploran la complejidad de las dinámicas familiares tóxicas y el impacto del trauma infantil. Ver estas representaciones puede ofrecer puntos de reflexión y dar voz a experiencias que de otro modo serían difíciles de articular. Títulos como "Running from Crazy" y "The Glass Castle" pueden ser especialmente esclarecedores.

8. **Aplicaciones y Herramientas Digitales:**

   - **Headspace y Calm:** Aunque se conocen principalmente como herramientas de meditación, estas aplicaciones ofrecen sesiones específicas sobre el dolor, el trauma y la gestión del estrés.

   - **BetterHelp y Talkspace:** Plataformas de terapia en línea que permiten conectarse con profesionales de todo el mundo, garantizando accesibilidad y privacidad.

9. **Workshops y Retiros:**

- Hay muchos retiros y talleres centrados en la curación del trauma, el empoderamiento personal y el desarrollo de la intuición. Estos eventos pueden ofrecer herramientas y prácticas para profundizar en la comprensión de uno mismo y comenzar el proceso de curación.

10. **Música y Arte:**

- El arte tiene el poder de sanar, y muchas personas encuentran consuelo en escuchar música o sumergirse en el arte visual que refleja sus experiencias. Crear listas de reproducción personalizadas o dedicarse a la pintura, la escritura o la danza puede ofrecer una forma de procesar y expresar emociones.

11. **Recursos Locales:**

- Muchos centros comunitarios o universitarios ofrecen seminarios, cursos y grupos de apoyo sobre temas relacionados con el trauma, la infancia y la salud mental. También son lugares donde puedes conectarte con otros que comparten experiencias similares.

12. **Grupos de Autoayuda:**

- Además de los grupos específicos para adultos con padres emocionalmente inmaduros, existen muchos otros grupos de apoyo centrados en el trauma, el abuso y el crecimiento personal. Estos grupos pueden ofrecer un sentido de comunidad y pertenencia.

13. Yoga y Técnicas Cuerpo-Mente:

- Técnicas como el yoga, el tai chi y el qigong pueden ayudar a reconectar con el propio cuerpo y a gestionar el estrés. Muchos estudios han demostrado que estas prácticas pueden ser especialmente beneficiosas para quienes han experimentado traumas.

14. Conferencias y Eventos:

- Asistir a conferencias sobre psicología, trauma y curación puede proporcionar nuevas perspectivas y enfoques. Estos eventos también pueden ofrecer oportunidades de networking y conexión con expertos en el campo.

Explorando una combinación de estos recursos, las personas pueden encontrar lo que mejor resuena con ellas y construir un camino de curación único y significativo.

Naturalmente, profundizar en los recursos y lecturas recomendadas es clave para ayudar a las personas a acceder a herramientas útiles y educativas. Sigamos con otras consideraciones:

15. **Podcasts y Programas de Radio:** El formato de audio puede ser especialmente útil para aquellos en movimiento o que prefieren escuchar en lugar de leer. Hay numerosos podcasts dedicados al trauma, la psicología y las relaciones. Escuchar las experiencias de otros puede ofrecer consuelo, reconocimiento y nuevas perspectivas. Algunos ejemplos incluyen "The Trauma Therapist Podcast", "Where Should We Begin? con Esther Perel" y "Mental Illness Happy Hour".

16. **Juegos y Simulaciones:** Con la creciente popularidad de los juegos terapéuticos y las simulaciones, ahora existen plataformas interactivas que pueden ayudar a las personas a explorar y trabajar en temas complejos como las relaciones, el trauma y la autoconciencia. Estas herramientas pueden ofrecer una forma diferente y envolvente de reflexión e introspección.

17. **Biblioterapia:** La biblioterapia, es decir, el uso de libros como herramienta terapéutica, puede

ser una estrategia efectiva. No solo los libros de autoayuda o ensayos, sino también las novelas y la poesía pueden ofrecer profundas ideas y consuelo. Lecturas como "El lenguaje del cuerpo" de Alexander Lowen o "Narcisismo y relaciones" de Wendy T. Behary pueden proporcionar valiosas reflexiones.

18.   **Revistas Académicas:** Para aquellos inclinados a la investigación y que desean una comprensión más profunda basada en estudios científicos, existen muchas revistas académicas que publican investigaciones sobre el trauma, las relaciones y la psicología. El acceso a estas revistas puede brindar una visión respaldada por evidencia y actualizaciones sobre los últimos descubrimientos en el campo.

19. **Foros y Comunidades en Línea:** En la era digital, las comunidades en línea como Reddit, Quora y otros foros dedicados pueden ser recursos valiosos. Aquí, las personas pueden compartir sus historias, buscar consejos y obtener apoyo de una comunidad de personas que tienen experiencias similares. Es esencial, sin embargo, asegurarse de navegar en espacios seguros y moderados.

20.   **Seminarios en Línea y Webinars:** Muchos profesionales y organizaciones ofrecen seminarios en línea sobre varios temas relacionados con la salud mental y las relaciones.

Estos pueden variar desde sesiones introductorias gratuitas hasta cursos intensivos de pago.

21. **Aplicaciones de Lectura:** Aplicaciones como Audible o Blinkist pueden proporcionar resúmenes o versiones de audio de libros relevantes, haciendo que el aprendizaje y la reflexión sean más accesibles incluso para aquellos con poco tiempo o que prefieren formatos alternativos a la lectura tradicional.

22. **Periódicos y Revistas:** Muchos periódicos y revistas, tanto en formato impreso como digital, tienen secciones dedicadas a la psicología, el bienestar y las relaciones. Los artículos y entrevistas pueden ofrecer ideas frescas y actuales, con una variedad de perspectivas y voces.

Explorando y combinando diferentes recursos, las personas pueden crear un camino personalizado que les ayude a comprender mejor y a navegar los desafíos de las relaciones con padres emocionalmente inmaduros. La clave es la curiosidad y la apertura al crecimiento personal.

En conclusión, la investigación y la selección activa de recursos adecuados para abordar y comprender los desafíos de las relaciones con padres emocionalmente inmaduros son fundamentales para el proceso de curación y comprensión personal. La variedad de recursos disponibles refleja la diversidad de necesidades y métodos de aprendizaje de las personas.

La importancia de estos recursos no puede enfatizarse lo suficiente. No solo proporcionan información y perspectivas, sino que a menudo ofrecen un sentido de pertenencia y la sensación de no estar solos en su experiencia. Este sentido de reconocimiento y comunidad es vital para muchas personas, ya que les permite comenzar el proceso de curación y ver más allá de sus desafíos personales.

Sin embargo, mientras que el acceso a los recursos es más amplio y variado que nunca, es esencial acercarse a ellos con discernimiento. No todos los recursos serán igualmente útiles o resonantes para cada individuo. Lo que podría funcionar para una persona podría no ser adecuado para otra. Por lo tanto, es fundamental escucharse a sí mismo, reflexionar sobre sus propias necesidades y buscar retroalimentación o consejo de profesionales cuando sea necesario. Además, es crucial considerar la credibilidad y la confiabilidad de los recursos. Con la abundancia de información en línea, es fácil encontrarse con consejos no verificados o potencialmente perjudiciales. Recurrir a fuentes académicas, profesionales certificados y organizaciones

reconocidas puede ayudar a garantizar la calidad
de la información recibida.

Finalmente, si bien los recursos pueden ofrecer
herramientas, consejos e información, el trabajo
real de comprensión y curación es intrínseco.
Esto requiere tiempo, paciencia y a menudo la
ayuda de profesionales de la salud mental. Los
recursos están ahí para guiar, iluminar y apoyar,
pero el camino hacia el crecimiento y la curación
sigue siendo profundamente personal.

En resumen, los recursos y lecturas
recomendadas son un complemento esencial en
el viaje de quienes buscan comprender y abordar
los desafíos de las relaciones con padres
emocionalmente inmaduros. Ofrecen un mapa,
pero el viaje pertenece al individuo. Con cuidado,
reflexión y compromiso, los recursos pueden
iluminar el camino hacia una mayor
comprensión y bienestar.

20. Ejercicios y Técnicas Prácticas: Incluye
ejercicios, meditaciones y técnicas para ayudar a
los adultos a trabajar en su proceso de sanación.
Ejercicios y técnicas prácticas pueden ser
herramientas invaluables para ayudar a las
personas a trabajar en su proceso de sanación,
especialmente aquellos que han enfrentado los
desafíos de tener padres emocionalmente
inmaduros. Estas actividades no solo buscan

proporcionar alivio inmediato, sino también construir habilidades y estrategias a largo plazo para manejar las emociones y fomentar el crecimiento personal.

1. **Diario Reflexivo:** La escritura puede ser una forma poderosa de autoexploración. Dedicar 10-15 minutos al día para escribir libremente sobre los propios pensamientos, sentimientos y reacciones puede brindar valiosas perspicacias sobre las propias experiencias.

2. **Meditación de la Atención Plena (Mindfulness):** Esta práctica alienta a la persona a enfocarse en el presente, aceptando los propios pensamientos y sentimientos sin juicio. Puede ayudar a reducir la ansiedad y construir una mayor autoconciencia.

3. **Visualización Guiada:** A través de esta técnica, las personas pueden imaginar un lugar seguro o una experiencia positiva, lo que puede proporcionar un alivio temporal de sentimientos estresantes o abrumadores.

4. **Respiración Diafragmática:** Concentrarse en la respiración profunda y controlada puede calmar el sistema nervioso y ayudar a manejar la ansiedad y el estrés.

5. **Ejercicios de Anclaje:** Estos ejercicios ayudan a conectarse con el presente, especialmente durante momentos de disociación o estrés agudo. Por ejemplo, enumerar cinco cosas que se

pueden ver, cuatro que se pueden tocar, tres que se pueden sentir, dos que se pueden oler y una que se puede saborear.

6. **Afirmaciones Positivas:** Crear una lista de afirmaciones positivas y reconfortantes puede ser útil. Leerlas o recitarlas en voz alta todos los días puede fortalecer la autoestima y la confianza en uno mismo.

7. **Práctica de Gratitud:** Mantener un diario de gratitud y anotar tres cosas por las que se está agradecido cada día puede cambiar el enfoque de las experiencias negativas a las positivas.

8. **Técnicas de Relajación Muscular:** Esto implica tensar y relajar grupos musculares específicos, lo que ayuda a liberar la tensión física y promover la calma.

9. **Técnicas de Enraizamiento (Grounding):** Caminar descalzo sobre el césped, abrazar un árbol o simplemente sentarse en la tierra puede ayudar a sentirse conectado y enraizado.

10. **Ejercicios de Escucha Activa:** Practicar la escucha activa con un compañero o amigo puede ayudar a mejorar las habilidades de comunicación y construir relaciones más profundas y significativas.

En resumen, estas técnicas y ejercicios prácticos ofrecen a las personas herramientas tangibles para comenzar y apoyar su camino de sanación. Si bien algunas técnicas pueden resonar más que otras, lo importante es encontrar lo que funcione mejor para el individuo e integrarlo en su rutina diaria. Con compromiso y práctica regular, estos ejercicios pueden respaldar y nutrir el crecimiento y la sanación interior.

Sin duda, exploremos aún más otras técnicas y enfoques que pueden utilizarse para respaldar la sanación personal:

11. **Yoga y Movimiento Corporal:** El acto físico de moverse puede liberar tensiones acumuladas y restablecer un sentido de equilibrio en el cuerpo. El yoga, en particular, integra la mente, el cuerpo y el espíritu y es reconocido por fomentar la autoconciencia y la aceptación de uno mismo.

12. **Arteterapia:** Expresarse a través del arte, ya sea dibujo, pintura, escultura u otra forma artística, puede ofrecer una manera de procesar y liberar emociones reprimidas. No es necesario ser un "artista" para beneficiarse de la arteterapia.

13. **Terapia con Animales:** Las mascotas, como perros y gatos, pueden ofrecer consuelo inmediato. Interactuar con animales puede reducir los niveles de cortisol (la hormona del estrés) y aumentar la oxitocina, que promueve sentimientos de felicidad y confianza.

14. **Gestión del Tiempo:** Establecer una rutina diaria puede ayudar a establecer un sentido de normalidad y control. Esto puede incluir programar momentos regulares para técnicas de

relajación, ejercicio físico, tiempo con amigos o
cualquier actividad que brinde alegría.

15. **Musicoterapia:** Escuchar o crear música puede
tener un profundo efecto en nuestro bienestar
emocional. La música puede evocar emociones,
ayudar a procesar sentimientos o simplemente
ofrecer un medio de escape.

16. **Terapia de la Naturaleza:** Pasar tiempo en la
naturaleza, como caminar por el bosque, hacer
jardinería o simplemente estar al aire libre,
puede tener efectos curativos. La conexión con la
tierra y el entorno natural puede ser
profundamente rejuvenecedora.

17. **Ejercicios de Asertividad:** Practicar la
asertividad puede ayudar a establecer límites
saludables y expresar necesidades y deseos de
manera efectiva.

18. **Juegos de Rol:** Esto se puede hacer con
un terapeuta o un amigo de confianza. Revivir o
recrear situaciones problemáticas a través de
juegos de rol puede ayudar a ver las cosas desde
una perspectiva diferente y desarrollar nuevas
estrategias de afrontamiento.

19. **Mindfulness en la Cocina:** El acto de cocinar
y comer con atención plena puede ser un
ejercicio meditativo. Concentrarse en los sabores,
olores y texturas de los alimentos puede ser una
forma de anclarse en el momento presente.

20.   **Biblioterapia:** La lectura puede ofrecer conocimientos y consuelo. Ya sea que se trate de obras de ficción o ensayos, sumergirse en un libro puede proporcionar nuevas perspectivas o simplemente ofrecer un momento de evasión. Las técnicas mencionadas anteriormente son solo algunas de las múltiples estrategias disponibles. Cada individuo es único, y lo que funciona para una persona puede no ser efectivo para otra. La clave es experimentar con diferentes técnicas para descubrir qué resuena y ayuda en su propio camino de sanación.

El enfoque para la autocuración y el manejo de las heridas resultantes de la infancia con padres emocionalmente inmaduros es un camino complejo y altamente individual. La amplia gama de técnicas y herramientas disponibles refleja la diversidad de las experiencias y las necesidades personales. Los ejercicios y las técnicas mencionadas anteriormente son herramientas potencialmente poderosas que pueden ayudar a las personas a reconectarse consigo mismas, procesar traumas pasados y construir un futuro más saludable e integrado. Sin embargo, es esencial destacar que no todas las herramientas serán efectivas para todos, y el proceso de encontrar las técnicas más apropiadas puede llevar tiempo, experimentación y a menudo, la orientación de un profesional. La clave para la curación no radica solo en la adopción de técnicas específicas, sino en el enfoque con el que se emprende este viaje:

1. **Autoconciencia:** La comprensión profunda de uno mismo es fundamental. Reconocer los propios sentimientos, miedos, deseos y necesidades permite iniciar el proceso de curación desde una posición de fortaleza.

2. **Paciencia y Amabilidad hacia uno mismo:** La curación no ocurre de la noche a la mañana. Puede haber momentos difíciles, sentimientos intensos y recuerdos dolorosos que enfrentar. Tratarse con amabilidad y compasión durante estos períodos es vital.

3. **Buscar Apoyo:** Aunque los ejercicios pueden practicarse de manera individual, contar con el apoyo de terapeutas, grupos de apoyo o amigos de confianza puede marcar una diferencia significativa. Compartir, escuchar y sentir que no se está solo en el viaje son recursos invaluables.

4. **Respetar los Propios Límites:** Si una técnica o ejercicio resulta abrumador, es fundamental escucharse a uno mismo y dar un paso atrás si es necesario.

5. **Compromiso Constante:** La curación es un proceso, no un destino. Requiere un compromiso constante y, a veces, la disposición a regresar y

trabajar en aspectos que puedan surgir con el tiempo.

6. **Evolución y Adaptación:** A medida que se avanza en el camino, las necesidades pueden cambiar. Lo que funciona en un momento dado podría no ser efectivo más adelante. Estar abierto a la adaptación y la experimentación con nuevas herramientas puede ser fundamental. En conclusión, si bien la herida de tener padres emocionalmente inmaduros puede tener un impacto profundo y duradero, la capacidad de curación y crecimiento existe en cada individuo. Con los recursos adecuados, el enfoque correcto y un compromiso dedicado, es posible navegar con éxito este camino y encontrar una mayor integración, paz y bienestar en la vida propia. **Conclusión y Resumen del Libro: Padres Emocionalmente Inmaduros - Navegando y Sanando** Vivir con padres emocionalmente inmaduros puede dejar huellas profundas en la psicología de una persona. Este libro ha explorado una amplia gama de aspectos, herramientas y técnicas para ayudar a quienes desean sanar y crecer.

1. **Introducción a la Inmadurez Emocional:** Comprender las raíces y manifestaciones de la inmadurez emocional es el primer paso para abordar el problema.

2. **Signos y Síntomas:** Reconocer los comportamientos y reacciones asociados a estas experiencias puede ayudar a identificar y procesar traumas pasados.

3. **Comprender las Propias Heridas:** Una introspección cuidadosa puede ayudar a comprender mejor cómo se manifestaron los traumas a lo largo de la vida.

4. **Procesamiento del Trauma:** A través de técnicas como EMDR y terapia cognitivo-conductual, es posible iniciar el proceso de curación.

5. **Enfocarse en el Presente:** Vivir en el presente ayuda a distanciarse del dolor del pasado.

6. **Redescubrimiento del Yo:** Reconectar con la propia esencia y pasiones es fundamental para una vida satisfactoria.

7. **Establecer Límites:** Crear barreras protectoras es esencial para garantizar el bienestar emocional.

8. **Manejo de la Ira y el Resentimiento:** Técnicas como la meditación pueden ayudar a gestionar y procesar estos sentimientos.

9. **Reconstrucción de las Relaciones:** Crear nuevas dinámicas con los padres o renegociar términos puede ser beneficioso.

10. **Apoyo Terapéutico:** La terapia es un recurso fundamental en el proceso de curación.

11. **Historias de Casos:** Ejemplos reales pueden ofrecer inspiración y comprensión.

12. **Importancia del Autocuidado:** Cuidar de uno mismo es crucial para garantizar el bienestar a largo plazo.

13. **Comprender el Perdón:** Reflexiones profundas sobre el significado y la importancia del perdón.

14. **Red de Apoyo:** Contar con una red sólida puede marcar la diferencia en el proceso de curación.

15. **Impacto en las Propias Relaciones:** Reconocer cómo las experiencias pasadas influyen en las relaciones actuales.

16. **Conciencia Generacional:** La importancia de romper el ciclo para las futuras generaciones.

17. **Recursos y Lecturas Recomendadas:** Herramientas adicionales y lecturas pueden profundizar en el tema.

18. **Ejercicios y Técnicas Prácticas:** Herramientas prácticas para trabajar activamente en la propia curación.

Recursos y Sitios Web Útiles: • Psychology Today: Un sitio web que ofrece una amplia gama de artículos y recursos sobre varios temas psicológicos, así como una lista de terapeutas. • The International Society for Traumatic Stress Studies: Un recurso especializado en trauma y trastorno de estrés postraumático. • Mind: Una organización benéfica del Reino Unido dedicada a la salud mental. • Libros: "Running On Empty" de Dr. Jonice Webb y "Adult Children of Emotionally Immature Parents" de Lindsay C. Gibson.

En resumen, mientras que los desafíos relacionados con tener padres emocionalmente inmaduros son reales y profundos, los recursos y técnicas disponibles ofrecen esperanza y caminos hacia una curación genuina. Cada individuo tiene la capacidad de navegar este camino, encontrar paz y construir un futuro más brillante y satisfactorio.